Carina Kittelberger

Kleine Sprachhelden

Carina Kittelberger

Kleine Sprachhelden

Alles, was dein Kind braucht, um sprechen zu lernen

Sprachentwicklung von 0 – 5

KÖSEL

MIX
Papier | Fördert gute Waldnutzung
FSC® C083411

Penguin Random House Verlagsgruppe FSC® N001967

Redaktion: Dr. Daniela Gasteiger
Umschlaggestaltung: FAVORITBUERO, München
Umschlagmotive: Shutterstock (außen: Bauklötze/Puzzle: Bibadash;
Innenklappen: HappyPictures); Vogel: © C. Kittelberger
Innenteilmotive: Shutterstock (Bauklötze/Puzzle: Bibadash);
Vogel © C. Kittelberger
Satz: Satzwerk Huber, Germering
Druck und Bindung: CPI books GmbH, Leck
Printed in the EU
ISBN 978-3-466-31207-8

www.koesel.de

Inhalt

Einleitung 9

Erstes Kapitel: Das braucht dein Kind, um sprechen zu lernen 15

Ein besonderes Medium 16

Das Hören 18

Sprache beruht auf inneren Bildern 19

Sprache verstehen 22

Versteht dich dein Kind? 24

Sieben Tipps, wie du das Sprachverständnis förderst . . 27

Sprechen 30

Ein Wort zu Meilensteinen und Grenzsteinen 33

Der beste Sprachfördertipp aller Zeiten 37

Zweites Kapitel: Sprache ist Bindung 41

Sechs Tipps zur Sprachförderung im Alltag 43

Sprache und Spiel 48

Warum brauchen wir Dialoge? 54

Drittes Kapitel: Dein Baby 57

Wie kann ich mit meinem Neugeborenen kommunizieren? 57

Gemeinsame Aufmerksamkeit 62

Imitiere dein Kind . . . 67
Zeigen . . . 75
Gesten . . . 78
Gebärden . . . 84
Die ersten Geräusche deines Babys . . . 89

Viertes Kapitel: Dein Kind im zweiten Lebensjahr . . . 93
Was du über die ersten Wörter wissen solltest . . . 93
Folge den Interessen deines Kindes . . . 97
Körperteile von Anfang an korrekt benennen . . . 104
Inspirationen aus der logopädischen Praxis . . . 107
Wie klingt es, wenn mein Kind zu sprechen beginnt? . . . 110
Typische Aussprachefehler . . . 112

Fünftes Kapitel: Dein Kind im dritten Lebensjahr . . . 115
Das »Ich« . . . 116
Gefühle begleiten . . . 119
Was kann ich zu meinem wütenden Kind sagen? . . . 123
Zweiwortäußerungen oder Mehrwortäußerungen . . . 127
Positive Sprache . . . 130

Sechstes Kapitel: Die Zeit bis zum Vorschulalter . . . 135
Dein Kind im vierten Lebensjahr . . . 136
Zeitangaben . . . 136
Wortschatz . . . 137
Grammatik . . . 139
Dein Kind ab dem fünften Lebensjahr . . . 140
Dein Vorschulkind . . . 144

Siebtes Kapitel: Mehrsprachigkeit . . . 149
Welche Sprache(n) soll mein Kind sprechen? . . . 150
Hilfe, ich mische die Sprachen! . . . 154
Hilfe, mein Kind antwortet mir nicht in meiner Sprache . . . 156
Was kann mein Partner oder meine Partnerin tun? . . . 156

Achtes Kapitel: Medien 159
Bücher 160
Digitale Medien 168
Jedes Kind reagiert anders 168
Findet eure eigene Medienstrategie 171

Neuntes Kapitel: Wie kann ich mein Kind unterstützen, wenn es sprachlich begabt ist? 179

Zehntes Kapitel: Besondere Herausforderungen . . 183
Mundmuskulatur 183
Schnuller 189
  Abschied vom Schnuller 192
  Schnuller oder Daumen, was ist besser? 194
Aussprache 197
  Mein Kind hat Probleme bei der Lautbildung 198
  Übungen für die Lautbildung 200
  Wann braucht mein Kind Therapie? 202

Elftes Kapitel: Diagnosen 205
Stottern 206
Selektiver Mutismus 212
Verbale Entwicklungsdyspraxie 215

Schluss 221

Anhang 225
Die häufigsten ersten Wörter 225
Die ersten Wörter verstehen und sprechen 226
Meilensteine im Sprachverständnis 226
Meilensteine der Sprachproduktion 229
  Wortarten 231
Bücher und Websites 235
  Buchempfehlungen für Eltern und Kinder 235

Einleitung

Kinder beginnen meistens so natürlich zu sprechen, dass wir oft vergessen, wie komplex dieser Vorgang eigentlich ist. Man weiß bis heute nicht genau, wie das menschliche Gehirn es schafft, sich in nur wenigen Jahren Sprache anzueignen.

Seit über vierzehn Jahren arbeite ich mittlerweile als Kinderlogopädin. Durch meine praktische Berufserfahrung in Österreich, Deutschland und den USA habe ich gelernt, wie ich ein Kind am besten in seiner Sprachentwicklung unterstützen und begleiten kann. Ich habe gelernt, es da abzuholen, wo es gerade steht. Und das Wichtigste: Ich habe gelernt, seine Sprachentwicklung mit viel Spaß und Leichtigkeit zu unterstützen, ohne Druck, Zwang und Übungen am Tisch. Und weißt du was? Das ist keine Hexerei! Ich bin der vollen Überzeugung, dass Eltern das auch lernen können. Ich habe immer wieder gemerkt, wie wichtig es ist, ihnen zu zeigen, wie auch sie ihr Kind in der Sprachentwicklung begleiten können.

Hast du vielleicht auch schon einmal gehört: »Sprich einfach ganz viel mit deinem Kind!«, »Benenne alles, was du siehst oder tust!«, »Lies einfach ganz viele Bücher vor!« Das sind alles sehr gut gemeinte Ratschläge. Allerdings sind sie auch sehr ungenau. Wenn du das hörst, weißt du wahrscheinlich erst recht nicht, was du am besten tun kannst. Sprachentwicklung ist so viel mehr, als »nur« zu sprechen. Sprache ermöglicht es uns, uns anderen mitzuteilen, unsere Gefühle und Wünsche zu äußern, Konflikte zu lösen, Bindungen einzugehen, Freundschaften zu schließen, Empathie auszudrücken, andere Kulturen kennenzulernen – aber auch, uns selbst besser kennenzulernen und anderen mitzuteilen, wer man ist.

Ich erfahre jeden Tag, wie groß der Bedarf an Wissen zum Thema Sprachentwicklung und Sprachförderung ist. Unter Eltern kommen immer wieder die gleichen Fragen auf: Wann soll mein Kind die ersten Worte sprechen und wie kann ich es am besten unterstützen? Wieso versteht mein Kind mich nicht? Und vor allem: Wieso spricht mein Kind noch nicht? Muss ich mir schon Hilfe suchen? Die Sorgen der Eltern sind oft groß. Sie fragen sich, ob sich ihr Kind altersentsprechend entwickelt. Woher kommen die Schwierigkeiten, die sie beobachten? Handelt es sich nur um eine vorübergehende Verzögerung oder liegt ein medizinisches Problem vor?

Aus meinen Beratungen entwickelte sich mein Instagram-Account @sprecherei, auf dem ich (auch länderübergreifend) Eltern hilfreiche Informationen zur Sprachentwicklung sowie alltagstaugliche Tipps und Tricks zur Sprachförderung gebe. Mein Account ist in vier Jahren auf über hunderttausend Followerinnen und Follower gewachsen.

Als meine Lektorin im Sommer 2022 auf mich zukam und mich fragte, ob ich denn nicht ein Buch schreiben wolle, war ich sofort Feuer und Flamme. Mein Wissen und meine Erfahrung an interessierte Eltern weiterzugeben, ist ein Traum!

Diesen Traum hältst du jetzt in deinen Händen. Ich möchte dir in diesem Buch in einfachen Schritten zeigen, wie du jeden Tag, ohne viel Aufwand oder Materialien, die Sprachentwicklung deines Kindes fördern kannst. Ich zeige dir alle sprachlichen Entwicklungsschritte, damit du weißt, was dich erwartet. Dann kannst du viel selbstsicherer und gelassener reagieren, schon bevor dein Kind die ersten Worte spricht. Ganz genau! Sprachentwicklung fängt nämlich bereits im Mutterleib an. Bevor dein Kind überhaupt die ersten Wörter spricht, macht es bereits die Erfahrung, dass es sich mit anderen austauschen kann. Es erkennt, dass Kommunikation nicht nur Spaß macht, sondern auch dazu führt, dass seine Bedürfnisse besser und schneller verstanden werden. Beim Kommunizieren geht es nicht nur um Wörter, die aneinandergereiht werden, sondern um Spaß am Austausch und daran, anderen etwas mitzuteilen und Verbindung zu suchen. Die Fähigkeit, Gedanken und Gefühle auszudrücken, ermöglicht eine tiefere Verbindung zwischen euch. Kommunikation ist stets ein Dialog, und durch diesen Dialog können Beziehungen gestärkt werden.

Mit diesem Buch möchte ich dir zahlreiche Möglichkeiten vermitteln, wie du in einen Dialog mit deinem Kind kommen kannst. Du verstehst die Welt deines Kindes leichter, wenn du in der Lage bist, seine Perspektive durch Sprache zu teilen. Dazu passt eines der wichtigsten Rezepte für das Erlernen von Sprache: Sorge für ausreichend sprachliche Anregung. Gib Liebe. Biete Wärme. Schenke Geborgenheit. Vertraue auf die Stärken und Interessen deines Kindes. In diesem Buch werden wir gemeinsam entdecken, an welchem Punkt sich dein Kind aktuell befindet und wie wir diesen Weg des Spracherwerbs gemeinsam gestalten können.

Du musst dabei nicht auf spezielles Spielzeug zur Sprachförderung zurückgreifen. Indem du Zeit mit deinem Kind verbringst und ihr gemeinsam euren Alltag lebt, förderst du die Freude am Sprechen. Gleichzeitig lernt dein Kind, sich über Erlebnisse und Erfahrungen in seiner Umgebung auszutauschen und sogar über Gefühle zu sprechen. Obwohl im Titel von »Sprachhelden« die Rede ist, möchte ich betonen, dass damit selbstverständlich auch alle Sprachheldinnen gemeint sind. Im Buch werden beide Formen verwendet, um alle anzusprechen, die die Freude an Sprache teilen.

Lass uns gleich in die Umsetzung gehen. Du hältst dieses Buch schließlich in Händen, weil du wissen willst, was du tun kannst, damit dein Kind alle sprachlichen Meilensteine mit Leichtigkeit erreicht. Dafür ist es gut zu wissen, mit welchem sprachlichen Entwicklungsschritt es gerade beschäftigt ist. Deshalb erkläre ich dir zuerst, wie Sprache entsteht. Ich führe dich chronologisch durch die Sprachentwicklung der ersten sechs Lebensjahre deines Kindes. Die Altersangaben dienen dabei lediglich als grobe Richtlinien, denn die Phasen der Sprachentwicklung können oft verschwimmen. Themen, die alle Lebensjahre betreffen, wie zum Beispiel Mehrsprachigkeit, Schnuller oder auch Medienkonsum, findest du in übergreifenden Kapiteln.

Mir ist es wichtig, dass du, während du mein Buch liest, nach dem Einkaufswagenprinzip vorgehst. Packe genau wie im Supermarkt nur jene Informationen und Tipps in deinen Einkaufswagen, die zu dir und deiner Familie passen. Ich teile in diesem Buch eine Vielzahl von Ideen und Möglichkeiten, die vielen anderen Familien helfen konnten. Aus Erfahrung weiß ich jedoch auch, dass nicht jeder Ratschlag oder jede Idee in alle Familien passt. Jede Familie ist individuell. Daher ermutige ich dich, bewusst vorzugehen und dir diejenigen Tipps und Tricks herauszupicken, die für dich stimmig sind und die du dir gut für deinen Familienalltag vorstellen kannst. Denn am Ende des Tages bist du die Expertin oder der Experte für dein eigenes familiäres (Sprach-)Abenteuer.

1

Das braucht dein Kind, um sprechen zu lernen

Hast du schon einmal darüber nachgedacht, was Sprache eigentlich ausmacht, wie Wörter entstehen oder warum dein Kind plötzlich beginnt, dich zu verstehen? Um dein Kind optimal in seiner Sprachentwicklung zu unterstützen, ist es zunächst wichtig zu wissen, wie Sprache überhaupt zustande kommt. So kannst du dein Kind mit größerer Selbstsicherheit begleiten und unterstützen. Dabei möchte ich zunächst betonen: Sprechen zu lernen kannst du deinem Kind nicht direkt beibringen. Es wäre wunderbar, wenn du sagen könntest: »Los, mein Liebling, sprich jetzt, damit ich verstehe, was du möchtest. Versuche bitte, klar und deutlich zu sprechen, damit alle dich gut verstehen können. Und achte dabei darauf, dass du auch verstehst, was ich dir sage. So können wir besser miteinander kommunizieren.«

So einfach ist es leider nicht. Obwohl du einen erheblichen Einfluss auf die Sprachentwicklung deines Kindes hast, ist sie nicht allein von dir abhängig. Eltern neigen dazu, sich Vorwürfe zu machen und darüber nachzudenken, was sie besser oder anders hätten tun sollen, wenn ihr Kind bestimmte sprachliche Meilensteine nicht erreicht. Vergiss nicht: Deine

Elternschaft wird nicht an den Meilensteinen deines Kindes gemessen. An dieser Stelle möchte ich dir den Druck nehmen. Du bist nicht schuld, wenn dein Kind Meilensteine nicht erreicht. Auch Genetik und Umwelteinflüsse spielen eine entscheidende Rolle in der Entwicklung deines Kindes. Was du aber auf alle Fälle tun kannst: Schaffe eine liebevolle Atmosphäre, in der sich dein Kind gut begleitet fühlt, sich dir gerne mitteilt und in der es sich nicht gemaßregelt und korrigiert fühlt.

Ein besonderes Medium

Wir Menschen sind faszinierend: Pflanzen und Tiere kommunizieren untereinander mittels bestimmter Duftstoffe, unterschiedlicher Geräusche oder auffälliger visueller Signale, wie leuchtende Farben oder markante Muster auf Federn oder Fell. Nur wir Menschen haben ein einzigartiges Kommunikationssystem entwickelt: Ein System aus Lauten und Zeichen, die flexibel zu Wörtern und komplexen Sätzen kombiniert werden können, um unseren Mitmenschen Botschaften zu übermitteln. Darüber hinaus ermöglicht uns Sprache, über Dinge zu sprechen, die wir nicht unmittelbar sehen oder hören können. Wir können über die Vergangenheit, die Zukunft, unsere Träume, Wünsche und Gedanken sprechen.

Bevor dein Kind überhaupt geboren wird, ist sein Gehirn bereits darauf vorbereitet, Sprache zu verarbeiten und zu erlernen. Das ermöglicht es ihm, Informationen zu verstehen, zu verarbeiten und auch selbst zu sprechen. Die notwendigen Organe für das Sprechen, wie Lunge, Luftröhre, Kehlkopf, Zunge und Lippen, sind bereits bei Neugeborenen vorhanden. Auch das Zusammenspiel von Gehirn, Ohren und Augen spielt eine entscheidende Rolle beim Entdecken der Sprache.

Wenn du jemanden sprechen hörst, nehmen deine Ohren Schallwellen auf und leiten sie als elektrische Signale an das Gehirn weiter. Beim Lesen nehmen deine Augen visuelle Reize auf und übermitteln sie ebenfalls an das Gehirn. Viele Bereiche müssen im Gehirn zusammenspielen, um Sprache zu verarbeiten. Laute und Buchstaben müssen entschlüsselt werden, Wörter erkannt, die Grammatik von Sätzen analysiert und deren Bedeutung interpretiert werden. Das Gehirn führt diese Schritte nahezu gleichzeitig aus, um ein schnelles und flüssiges Verständnis von Sprache zu ermöglichen.

Wenn du auf das Gehörte mit deinen Gedanken, Ideen oder Emotionen antworten möchtest, müssen verschiedene Organe und Muskeln zusammenarbeiten. Deine Lunge schickt Luft über die Luftröhre zum Kehlkopf, wo die Stimmlippen die Luft in Schwingung versetzen. Die Geschwindigkeit, die Spannung und Position der Stimmlippen bestimmen die Tonhöhe deiner Stimme. Der erzeugte Schall gelangt dann in den Mund, wo die Laute und Wörter geformt werden. Die Koordination von Zunge, Lippen, Gaumen und Zähne ist entscheidend, um verständlich zu sprechen.

Obwohl das Sprechen für die meisten Menschen mühelos ist, kann es für einige eine Herausforderung darstellen, bedingt durch Sprachstörungen oder anatomische Abweichungen, die die Kommunikation beeinflussen können. Dazu liest du mehr in den Kapiteln *Diagnosen* und *Besondere Herausforderungen*.

Das Hören

Das Hören ist eine grundlegende Voraussetzung, um Sprache zu erwerben. In meiner logopädischen Arbeit spielt es eine zentrale Rolle. Bereits bei Neugeborenen wird im Krankenhaus ein Hörtest durchgeführt. Bei diesem Test wird unter anderem ein kleiner Stöpsel in das Ohr deines Babys gehalten, der ein akustisches Signal an das Trommelfell sendet. Mit diesem Verfahren wird überprüft, ob das Trommelfell des Babys ordnungsgemäß schwingt und Signale zurücksendet. Es ist jedoch möglich, dass der Hörtest nicht sofort erfolgreich ist, da noch Fruchtwasser oder Ohrenschmalz im Gehörgang vorhanden sein können.

Ab etwa zwei Monaten beginnt dein Baby, sich auszuprobieren, indem es quietscht, gurrt, schnalzt oder andere amüsante Laute macht. Selbst Kinder, die schlecht oder gar nicht hören, produzieren in diesem Alter unterschiedliche Geräusche. Diese Geräusche entstehen zufällig, während das Baby mit seinen Artikulationsorganen experimentiert. Mit einem halben Jahr werden die Geräusche bewusster und gezielter. Dein Kind kann nun willentlich verschiedene Laute produzieren und hört sich selbst gerne dabei zu. Kinder mit Hörschwierigkeiten neigen dazu, in diesem Alter zu verstummen, da ihnen die akustische Rückmeldung fehlt und sie daher nicht motiviert sind, ihre Sprechbewegungen weiterzuentwickeln.

Wenn Familien in meine Praxis kommen, weil die Kinder noch nicht oder zu wenig sprechen, empfehle ich immer eine pädaudiologische Abklärung, also einen Hörtest. Es könnte sein, dass sich im Mittelohr des Kindes durch wiederholte Erkältungen Sekret angesammelt hat, das nun zähflüssig geworden ist. Dieser sogenannte Paukenerguss verhindert, dass das Trommelfell richtig schwingt, was zu einer Beeinträchtigung des Hörvermögens führen kann. Das Phänomen kann mit dem Gefühl verglichen werden, mit Watte im Ohr zu hören, wie bei einer Erkältung. Dein Kind kann dich und andere einfach nicht gut hören. Kann dein Kind nicht gut hören, hat es Schwierigkeiten, sich in lauter Umgebung zu konzentrieren oder Gesprächen zu folgen.

Ein solcher Paukenerguss sollte unbedingt von einem Hals-Nasen-Ohren-Arzt oder einer Hals-Nasen-Ohren-Ärztin abgeklärt werden, um die bestmögliche Unterstützung für dein Kind zu gewährleisten. Sobald der Paukenerguss behandelt worden ist und die Flüssigkeit aus dem Mittelohr entfernt wurde, verbessert sich in vielen Fällen auch die Sprache deines Kindes. Manche Kinder neigen zu immer wiederkehrenden Paukenergüssen. Dann können Paukenröhrchen helfen, die mittels einer Operation ins Trommelfell eingesetzt werden und die angesammelte Flüssigkeit abfließen lassen.

Sprache beruht auf inneren Bildern

Sprache sind innere Bilder – Vorstellungen von Dingen, Personen, Handlungen und Gefühlen. In den ersten Lebensjahren eines jeden Menschen entstehen diese individuellen und einzigartigen inneren Bilder. Wenn ich von einem riesigen Baum berichte, den ich gestern gesehen habe, stellt sich die Frage: An welchen Baum denkst du? Denkst du dabei an einen Tannenbaum im Wald oder an eine hohe Palme in Kalifornien? Dein Gehirn ruft automatisch das Bild ab, das du mit dem Wort »Baum« verbindest – sei es ein Nadelbaum oder eine Palme.

Ähnlich verhält es sich mit anderen Begriffen wie »Auto«. Denkst du an einen roten Ferrari oder an einen gelben Kia? Bei »Fisch« tauchen Bilder von Regenbogenfischen, dem Clownfisch Nemo oder dem grünen Fisch in Tante Gundulas Aquarium auf. Selbst ein einfacher Begriff wie »Ball« kann verschiedene Vorstellungen hervorrufen – sei es ein großer Wasserball oder ein kleiner Flummi. Diese Bilder sind alle mit einem realen Gegenstand verbunden.

Geht es jedoch um einen Begriff wie »Urlaub«, wird es noch komplizierter, denn hier gibt es kein eindeutiges Bild. Für dich mag er für Urlaub am Strand mit Sand unter den Füßen und gelegentlichem Hüpfen in den Wellen stehen, während Tante Gundula an einen Wanderausflug in den Bergen denkt. Das Wort »Urlaub« an sich ist mit keinem realen Gegenstand verbunden, sondern mit inneren Bildern und Vorstellungen. Dies zeigt dir, dass Sprache viel komplexer ist, als es auf den ersten Blick erscheint.

Aber wie entstehen diese inneren Bilder? Stell dir vor, dein Baby erhält von Tante Gundula einen roten Ball als Geschenk. Zuerst hat es keine Vorstellung von einem Ball oder dem Wort »Ball« an sich. Dein Baby sieht, wie du den Ball zu ihm rollst und wie du ihn springen lässt. Es lernt, Gesehenes mit Gehörtem zu verknüpfen. Durch tägliches Spielen mit dem roten Ball und dadurch, wie du das Spiel sprachlich begleitest – »Du liebst diesen Ball« oder »Da ist der Ball« – verknüpft das Kind das Wort »Ball« mit dem runden, roten Objekt und baut sein eigenes inneres Bild davon auf.

Nun besucht ihr euren Freund Henry. Jetzt kommt die nächste Komplexitätsstufe beim Aufbau des Bildes »Ball«. Henry hat einen kleinen rosa Ball mit schwarzen Tupfen, den ihr hin und her rollt. Auch hier sagst du immer wieder: »Ball«, und dein Kind lernt, dass auch der rosa Ball mit den schwarzen Tupfen als »Ball« bezeichnet wird. Dein Kind lernt, dass verschiedene Objekte als »Ball« bezeichnet werden können, solange sie gemeinsame Merkmale wie Rundheit und Rollbarkeit teilen. Sobald dein Kind verstanden hat, dass verschiedene Gegenstände mit den gleichen Merkmalen die gleiche Bezeichnung haben, hat es einen großen Schritt in der Sprachentwicklung geschafft.

Dieser Prozess der Verknüpfung von Worten mit inneren Bildern ermöglicht es uns, über unsichtbare oder nicht greifbare Dinge zu sprechen. Wenn du also später sagst: »Wo ist denn nur der rote Ball?«, wird dein Kind danach suchen, weil es eine innere Vorstellung von diesem Gegenstand aufgebaut hat. Dein Kind kann Sprache erst verstehen, wenn es verstanden hat, dass nicht nur der Löffel bei euch zu Hause ein Löffel ist, sondern auch der im Restaurant, der von der Puppe oder der Löffel bei Oma. Damit haben wir die erste Funktion von Sprache erlernt: die Möglichkeit, über Unsichtbares zu kommunizieren und Verständnis zu schaffen.

Die zweite Funktion von Sprache lässt sich etwas knapper beschreiben. Sie besteht darin, dass Sprache immer an jemanden gerichtet ist. Das heißt, dass ich jemandem etwas mitteilen möchte. Ich möchte dir hier in diesem Buch etwas über die kindliche Sprachentwicklung erzählen. Du möchtest Tante Gundula erzählen, was dir heute passiert ist oder wie es dir geht.

Wir brauchen Sprache, um Informationen weiterzugeben. Sei es über Dinge, die momentan nicht da sind, oder über vergangene und zukünftige Ereignisse. Selbst Gefühle und Emotionen, die nicht sichtbar sind, können durch Worte ausgedrückt werden. Wenn ich beispielsweise sage: »Gestern war ich im Schwimmbad!«, setzt dies voraus, dass in meinem Kopf eine Vorstellung von einem Schwimmbad existiert. Ebenso erfordert der Satz »Ich bin so wütend!« ein Verständnis dafür, wie es sich anfühlt, wütend zu sein, und welche Auswirkungen dies auf mein Befinden hat. Aber wie entwickeln wir eigentlich dieses Verständnis, und wie kommt es dann dazu, dass wir das in Sprache fassen können? Das sehen wir uns jetzt genauer an.

Sprache verstehen

»Hol bitte eine Gabel aus der Schublade und platziere sie vorsichtig in der Badewanne, nachdem du den Löffel in deinem Bett positioniert hast.« Auch wenn wir diese Anweisung in unserem täglichen Leben vielleicht nicht so oft zu hören bekommen, so ist es doch erstaunlich, wie geschickt unser Gehirn solche Aufgaben bewältigt. In dem Moment, in dem du diesen Satz hörst, beginnen deine Ohren, die Worte zu registrieren, während dein Gehirn bereits ansetzt, die darin enthaltenen Informationen zu entschlüsseln. Dabei greift es auf abgespeicherte Bilder und Erinnerungen zurück, um die einzelnen Schritte der Anweisung zu verarbeiten.

Dein Gehirn setzt den folgenden Gedankenprozess in Gang: »Okay, eine Gabel. Die liegt in der Schublade. Habe ich auch etwas von einem Löffel gehört? Ah, der liegt gleich neben der Gabel. Aber Moment mal, die Anweisung lautet ›nachdem‹. Das bedeutet, zuerst der Löffel. Wo muss der nochmal hin? Ach ja, ins Bett, dieses weiche, flauschige Ding. Gut, da legen wir den Löffel mal hinein. Und jetzt die Gabel. Wo sollte die nochmal hin? Ah, richtig, in die Badewanne. Und wo finde ich die Badewanne? Natürlich, im Badezimmer. Schnell dorthin und zack, die Gabel in die Badewanne gelegt.«

Ganz schön verrückt, was unser Gehirn in so kurzer Zeit schafft, oder? Sprache ist nicht nur das, was wir sprechen. Sie zu verstehen, ist auch Teil von Sprache! Wenn wir die Aufgabe mit dem Löffel lösen, kommt kein gesprochenes Wort zum Einsatz, dennoch handelt es sich um einen sprachlichen Prozess. Das Sprachverständnis bezieht sich auf das, was wir verstehen können. Ganz wichtig ist es zu wissen, dass das Sprachverständnis nicht unbedingt mit dem Hören an sich zu tun hat. Obwohl das Hören eine bedeutende Rolle in der Sprachentwicklung spielt, konzentriert sich das Sprachverständnis auf die Verarbeitung von Sprache und das Abrufen von inneren Vorstellungen.

Die Frage, was sich zuerst entwickelt – die Sprachproduktion, also das, was wir sprechen, oder das Sprachverständnis, das, was wir verstehen – ist von großer Bedeutung. Was, denkst du, entwickelt sich zuerst? Sprachverständnis oder Sprachproduktion? Tatsächlich entwickelt sich das Sprachverständnis immer vor der gesprochenen Sprache. Hast du schon einmal eine zweite Sprache gelernt? Vielleicht kennst du dieses Phänomen, dass du oft mehr verstehst, als du selbst ausdrücken kannst. Vielleicht hast du diese Erfahrung gemacht, wenn du einer Konversation auf einer anderen Sprache folgen konntest, aber Schwierigkeiten hattest, dich verbal auszudrücken, weil dir die passenden Worte fehlten.

Das Gleiche passiert, wenn dein Kind Sprache lernt: Es versteht oft mehr, als es verbal ausdrücken kann. Noch wichtiger ist, dass es dich versteht, bevor es überhaupt in der Lage ist, selbst zu sprechen. Das sollten wir bei der Sprachentwicklung, gerade im ersten Lebensjahr, unbedingt immer im Kopf behalten.

Lass mich das für dich noch einmal zusammenfassen: Das Sprachverständnis ist eine sehr komplexe Fähigkeit. Es ermöglicht es dir, Informationen aufzunehmen, zu verarbeiten und in innere Bilder umzuwandeln. Wenn du also zu deinem Kind sagst: »Gib mir den Ball«, oder: »Bringe mir deine Schuhe«, muss es in der Lage sein, sich ein Bild von einem Ball oder einem Paar Schuhe vorzustellen. Die Handlung, bei der das Kind dir dann tatsächlich den Ball oder die Schuhe gibt, zeigt, dass es deine Anweisungen verstanden hat.

Kinder müssen Wörter erst verstehen und in ihrem Gedächtnis abspeichern, bevor sie sie bewusst beim Sprechen verwenden können. Wenn dein Kind beispielsweise noch kein Bild von einem »Becher« in seinem Inneren erstellt hat, wird es auch nicht aktiv nach einem fragen. Das Sprachverständnis bildet die Grundlage für die gesamte Sprachentwicklung. Bitte vergiss nicht, darum wiederhole ich es hier noch einmal, dass das Sprachverständnis nichts damit zu tun hat, ob dein Kind gut oder schlecht hört. Es geht vielmehr um die Fähigkeit, Informationen zu verarbeiten und zu interpretieren.

Versteht dich dein Kind?

Die aufregende Reise der sprachlichen Entwicklung beginnt zwar schon viel früher, doch spannend wird es für uns um den neunten Lebensmonat, wenn die meisten Kinder beginnen, die ersten Wörter zu verstehen. Wie kannst du erkennen, dass dein Kind dich versteht?

Ein erster Hinweis ist, dass es seinen Kopf in die Richtung bekannter Objekte oder Personen dreht, wenn diese Dinge oder Namen genannt werden. Wenn du also sagst: »Da ist dein Ball«, könnte sich der Kopf deines Kindes bereits zu einem Ball hinwenden. Ebenso könnten die Augen deines Babys nach dem

Ausspruch: »Da kommt der Opa«, bereits nach dem Großvater suchen. Es zeigt auch erste Anzeichen von Vorfreude, zum Beispiel durch aufgeregtes Krabbeln oder wippende Bewegungen, wenn du ankündigst: »Zeit zum Baden!«

Mit fortschreitendem Alter beginnt dein Kind, dir auf noch deutlichere Weise zu zeigen, dass es dich versteht. Im Alter von etwa einem Jahr können die meisten Kinder bereits einfachen sprachlichen Aufforderungen folgen, die du mit einer Geste begleitest. Zeigst du beispielsweise die »Komm-her-Geste« mit den Händen und sagst: »Komm her«, wird es zu dir krabbeln oder sich in deine Richtung strecken. Hältst du deine offene Hand hin und forderst es auf, dir den Ball zu geben, wenn du sagst: »Gib mir den Ball«, wird es dir den Ball reichen oder ihn in deine Richtung rollen. Diese kleinen Interaktionen sind aufregende Meilensteine in der Entwicklung der Kommunikationsfähigkeiten deines Kindes. Alle Meilensteine des Sprachverständnisses findest du in einer Übersicht im Anhang des Buches. Ich komme in diesem Kapitel auch noch darauf zurück, was ein Meilenstein genau ist und wie du damit umgehen kannst.

Mit zunehmendem Sprachverständnis deines Kindes wächst auch seine Fähigkeit, anspruchsvollere und komplexere Aufgaben zu bewältigen. Rund um den achtzehnten Lebensmonat können die meisten Kinder bereits einer simplen Aufforderung ohne begleitende Geste folgen. Ein Beispiel hierfür wäre, wenn du sagst: »Hole deine Schaufel!«, und dein Kind im Sandkasten tatsächlich die Schaufel findet, ohne dass du in ihre Richtung gezeigt hast.

Warum ist es so bedeutsam, ob du dein Kind mit oder ohne Gesten und Handbewegungen zu etwas aufforderst?

Stell dir vor, du sagst einem anderthalbjährigen Kind: »Zieh deine Schuhe an«, und zeigst dabei auf seine Schuhe. Mit hoher Wahrscheinlichkeit wird es die Schuhe holen und versuchen, sie anzuziehen, selbst wenn sein Sprachverständnis erst in den Anfängen ist. Warum? Dein Kind hat tagtäglich beobachtet, wie Schuhe angezogen werden – immer an die Füße. Jeden Tag werden alle Schuhe an die Füße gesteckt. Durch diese häufige Wiederholung hat es gelernt: Schuhe gehören an die Füße. Wenn du also auf die Schuhe zeigst, hat es bereits eine Vorstellung davon, wo diese hingehören, beziehungsweise was man mit ihnen macht.

Stell dir jedoch vor, du würdest diesem Kind sagen: »Setze den Schuh auf deinen Kopf.« Was, denkst du, würde dein Kind machen? Würde es den Schuh tatsächlich auf den Kopf setzen? Würde es verstehen, was es mit dem Schuh tun soll? Oder würde es sich den Schuh an den Fuß stecken? Ich tippe darauf, dass dein Kind den Schuh mit hoher Wahrscheinlichkeit an den Fuß stecken würde. Warum? Es hat bereits ein inneres Bild eines Schuhs, der typischerweise an den Fuß gehört. Tag für Tag wird sein Schuh an seinen Fuß gesteckt. Mit der Zeit und mit wachsendem Sprachverständnis lernt es, den gesamten Satz zu entschlüsseln und zu verstehen. Erst mit gefestigtem Sprachverständnis kann dein Kind auch komplexere Aufgaben sowie einzelne Wörter entschlüsseln, verstehen und ausführen.

Im Alter von 24 Monaten haben die meisten Kinder bereits die Fähigkeit entwickelt, Anweisungen mit zwei Aufgaben zu verstehen. Was meine ich mit zwei Aufgaben? Ein Beispiel hierfür wäre: »Hole den Ball und leg ihn in den Korb!« Aufgabe eins: Hol den Ball. Aufgabe zwei: Leg den Ball in den Korb. Diese komplexere Art der Anweisung erfordert, dass dein Kind verschiedene Bilder in seinem Kopf hat und sie nun miteinander verknüpfen muss. Um den Ball in den Korb zu legen, benötigt es Vorstellungen von einem Ball, einem Korb sowie von den Handlungen des »Nehmens« und »Gebens«.

Wenn du das Gefühl hast, dass dein Kind dich nicht gut versteht, empfehle ich zunächst eine Überprüfung durch einen Hals-Nasen-Ohren-Arzt oder eine Hals-Nasen-Ohren-Ärztin. Wenn dein Kind gut hört, aber dennoch Schwierigkeiten beim Verstehen von Aufgaben hat, könnte dies auf Probleme im Sprachverständnis hinweisen und sollte unbedingt durch logopädische Maßnahmen abgeklärt werden.

Sieben Tipps, wie du das Sprachverständnis förderst

Lass uns den Ratschlag »Sprich ganz viel mit deinem Kind, dann wird es schon sprechen lernen« einmal genauer betrachten. Die Kommunikation mit deinem Kind ist von unschätzbarem Wert. Gleichzeitig kann es überfordernd sein, wenn von früh bis spät jeder Schritt und jede Handlung kommentiert wird.

Versteh mich richtig: Du solltest so oft wie möglich mit deinem Kind kommunizieren. Ebenso bedeutend ist allerdings auch, *was* du sagst, *wann* du es sagst und vor allem, *wie* du mit deinem Kind sprichst.

Hier gebe ich dir sieben Tipps, wie du das Sprachverständnis deines Kindes fördern kannst.

1. **Passe deine Sprache an die Aufmerksamkeit deines Kindes an:** Wenn dein Kind älter wird, steigt seine Fähigkeit, sich länger mit einem Gegenstand zu beschäftigen. Nutze den Moment, in dem dein Kind sich auf einen Gegenstand konzen-

triert und verwende kurze, einfache Sätze, die genau zu diesem Moment und/oder Objekt passen. Beispielsweise könntest du sagen: »Der Ball. Du hast den Ball entdeckt. Da rollt der Ball weg.« Solche kurzen Sätze sind für Kinder leichter verständlich als komplexere Aufforderungen wie: »Kannst du den grünen Ball bitte zu mir rollen?«

2. **Visuelle Unterstützung:** Zeige deinem Kind den Gegenstand, über den du sprichst, oder zeige darauf. Zeige auf das Bild in einem Buch, während du sagst: »Die Katze schläft«, oder: »Der Becher fällt um«. Du kannst auch auf einen Gegenstand zeigen und dazu sprechen: »Da steht der Bagger.« Visuelle Anreize helfen deinem Kind, das Gesprochene besser zu verstehen.
3. **Aufmerksamkeit gewinnen:** Bevor du einfache Anweisungen gibst, sichere dir die volle Aufmerksamkeit deines Kindes. Begib dich auf Augenhöhe, nenne seinen Namen und berühre es leicht an seinem Arm. So kommst du mit deinem Kind in Kontakt und kannst sicherstellen, dass es weiß, dass du gerade mit ihm sprichst und seine volle Aufmerksamkeit hast.
4. **Wiederholungen und Kontaktaufnahmen:** Dein Kind lernt aus Wiederholungen. Wenn dein Kind eine Aufforderung nicht verstanden hat, wiederhole sie und beachte dabei die in Punkt 3 genannten Möglichkeiten der Kontaktaufnahme: Gehe auf Augenhöhe, nenne den Namen deines Kindes und berühre es am Arm. Durch viele Wiederholungen lernt dein Kind, besser zu verstehen.
5. **Kurze Aufforderungen:** Halte Aufforderungen so kurz wie möglich und teile sie in kleinere Häppchen auf. Statt einer komplexen Anweisung wie: »Gehe in dein Zimmer und bringe mir die Windel«, könntest du sagen: »Hole eine Windel!« und dann erst: »Bringe sie zu mir!« Je älter dein Kind ist, desto komplexer können die Aufforderungen werden.

6. **Konstante Wortwahl:** Verwende für wiederkehrende Aufforderungen immer die gleichen Wörter. Beispielsweise könntest du sagen: »Hole deine Schuhe« oder »Gesicht abwischen«. Verwendest du immer die gleichen Wörter, hilfst du deinem Kind, einfache Aufgaben schneller zu verstehen und umzusetzen. Auch hier gilt natürlich, je älter dein Kind wird, desto komplexere Sätze kannst du ihm anbieten.
7. **Einsatz von Gesten:** Nutze Gesten, um das Gesagte zu unterstützen. Wenn du beispielsweise sagst: »Möchtest du hoch?«, strecke gleichzeitig die Arme aus und mache die »Hoch«-Geste. Bei der Aufforderung: »Hole deine Schuhe!«, kannst du zuerst auf die Schuhe zeigen. Gesten helfen deinem Baby, die Bedeutung der Worte besser zu verstehen.

Wenn dein Kind Aufforderungen weiterhin nicht versteht, behalte die magischen Wörter *sagen – zeigen – helfen* im Hinterkopf. Wenn die verbale Kommunikation allein nicht ausreicht, nutze diese drei Wörter:

SAGEN: Nutze klare und deutliche Aufforderungen. Beispielsweise: »Da liegt die Mütze. Mütze aufsetzen!« Wenn dein Kind immer noch nicht weiß, was du meinst, wiederhole das Gesagte. Versteht dein Kind dann noch immer nicht, gehe zum nächsten Schritt über.

ZEIGEN: Unterstütze deine Worte zusätzlich durch Handlungen. Zeige auf die Mütze oder führe die Handlung vor. Durch visuelle Hinweise kannst du dein Kind unterstützen, besser zu verstehen, was du meinst. Wenn bei deinem Kind weiterhin Unsicherheiten bestehen, gehe zum dritten Schritt über.

HELFEN: Ergreife aktiv Maßnahmen, um dein Kind bei seiner Handlung zu unterstützen. Nimm zum Beispiel seine Hand und führe sie zu den Schuhen. Wiederhole deine Aufforderung: »Die Schuhe! – Da sind deine Schuhe!« Indem ihr die Handlung gemeinsam ausführt, zeigst du deinem Kind, was du von ihm möchtest, und es kann von dir lernen.

Diese Ansätze kombinieren verschiedene Arten der Kommunikation und können besonders effektiv sein, um sicherzustellen, dass dein Kind die Aufforderungen nicht nur hört, sondern auch versteht.

Sprechen

Gesprochene Sprache ist etwas ganz Besonderes und Einzigartiges, da sie ausschließlich beim Menschen auftritt. Der erste Schrei deines Babys zeigt dir den Beginn seiner Sprachproduktion. Die ersten lautlichen Äußerungen geschehen ganz unbewusst, wenn dein Baby aus Hunger, Müdigkeit, Durst, Schmerz, Überforderung schreit oder einfach deine Nähe sucht, um sicherzustellen, dass du noch da bist.

Ab dem dritten Lebensmonat beginnt dein Kind, eine Vielzahl von Lauten und Geräuschen auszuprobieren, auch solche, die in der Umgebungssprache nicht vorkommen. Spielerisch erforscht es, wie und wo bestimmte Laute gebildet werden, auch wenn es diese Lautkombinationen noch nicht absichtlich wiederholen kann. Kinder, die nicht oder schlecht hören, probieren sich in dieser Phase ebenfalls aus.

Dies ändert sich etwa ab dem siebten Lebensmonat. Dein Kind bildet nun Silbenketten, die der Umgebungssprache ähnlich sind, und kann diese bewusst abrufen und wiederholen. Ein Beispiel hierfür könnte sein: »ba-ma-da« oder »ga-ga-ga«.

Kinder, die hörgeschädigt oder hörbeeinträchtigt sind, aber auch Kinder mit Auffälligkeiten in der Sprachentwicklung können in dieser Entwicklungsphase erstmals auffallen. Da sie ihre selbstproduzierten Geräusche nicht hören können und somit keinen Anreiz haben, weiter zu experimentieren, werden sie zunehmend ruhiger oder verstummen sogar ganz. Siehe dazu auch den Abschnitt zum Hören in diesem Kapitel.

Die Fähigkeit zur Sprachproduktion ermöglicht es deinem Kind, seine Wünsche und Bedürfnisse mitzuteilen. Wenn es weint und dabei »hamham« sagt, könnte dies ein Hinweis darauf sein, dass es Hunger hat und nach etwas zu essen verlangt. Zeigt es auf die Tür hin oder streckt sich in Richtung Ausgang, signalisiert es dir vermutlich, dass es nach draußen gehen will. Dein Kind versucht aktiv, seine Gedanken und Ideen zu teilen, insbesondere mit dir. Mir ist immer wieder wichtig zu betonen, dass es dabei nicht nur auf die korrekt ausgesprochenen Wörter deines Kindes ankommt. Es kann sich auch über Blickkontakt, Gesichtsausdruck, Körpersprache, Gesten und manchmal auch noch nicht ganz verständliche Wörter verständigen.

Mythencheck

Jungs fangen später an zu sprechen als Mädchen!

Jein. Tatsächlich gibt es keine biologische oder genetische Grundlage, dass Jungs später sprechen als Mädchen. Studien haben jedoch gezeigt, dass Jungs tatsächlich sprachliche Meilensteine etwas später erreichen als Mädchen, jedoch im normalen Entwicklungsrahmen.

Verstehst du die Sprachentwicklung deines Kindes, kannst du dein Kind mit Leichtigkeit beim Sprechenlernen unterstützen. Sprache entwickelt sich nicht über Nacht; sie ist ein stetiger Lernprozess. Dein Kind kommt nicht auf die Welt und beherrscht plötzlich komplexe Sätze wie: »Kann ich bitte den blauen Traktor haben?« In meiner Praxis erkläre ich Eltern den Lernprozess des Sprechens gerne anhand einer Sprachleiter. Denke dabei an eine gewöhnliche Leiter: Die Leiter benötigt einen stabilen Boden als Grundlage. Dieser Boden repräsentiert das Sprachverständnis deines Kindes. Um die Leiter zur gesprochenen Sprache hinaufzuklettern, müssen die unteren Sprossen fest und sicher sein, damit dein Kind die oberen Sprossen erreichen kann.

Erinnerst du dich? Ein Kind kann erst nach einem Eimer fragen, wenn es verstanden hat, was ein Eimer ist. Erst wenn dein Kind Sprache verstanden hat, kann es sich auch ausdrücken. Mit einer soliden Grundlage für dieses Sprachverständnis kann dein Kind mit Leichtigkeit die Leiter hinaufklettern und alle Meilensteine der Sprachproduktion erreichen.

Ich hoffe, diese bildliche Vorstellung der Sprachleiter hilft dir, die Sprachentwicklung deines Kindes zu verstehen. Du kannst dein Kind immer unterstützen, ganz egal, auf welcher Sprosse es sich gerade befindet. Wichtig ist dabei, herauszufinden, wo genau dein Kind steht. Denn nur dann kannst du es dort abholen und genau von hier aus begleiten. Die Meilensteine der Sprachproduktion findest du im Anhang.

Ein Wort zu Meilensteinen und Grenzsteinen

Die ersten drei Lebensjahre sind besonders entscheidend für die Entwicklung deines Kindes. Dein Kind lernt niemals wieder so viel und so unbeschwert auf einmal. Erfahrungen in dieser Zeit beeinflussen sein Leben ganz besonders. Darum ist es auch so wichtig, frühzeitig auf Schwierigkeiten zu reagieren, um das Kind in dieser wertvollen Entwicklungsphase bestmöglich zu unterstützen. Hierbei sind Meilensteine und Grenzsteine unsere Freunde! Auch wenn es sich manchmal nicht so anfühlt und sie dich als Elternteil ganz schön unter Druck setzen können: Beide sind gut und wichtig.

Aber Achtung: Meilensteine und Grenzsteine beschreiben in erster Linie Entwicklungsschritte neurotypischer Kinder. Ein Meilenstein ist jener Zeitpunkt, an dem ein Kind einen bestimmten Entwicklungsschritt zum ersten Mal durchführt. Das heißt zum Beispiel, mit welchem Alter ein Kind das erste Wort spricht. Meilensteine zeigen den Zeitpunkt an, an dem 50 Prozent aller Kinder den betreffenden Entwicklungsschritt gemacht haben.

Neben Meilensteinen gibt es auch noch Grenzsteine. Sie zeigen uns jenen Zeitpunkt, an dem fast alle Kinder, also 90 Prozent, einen Entwicklungsschritt erreicht haben. Sowohl der Meilenstein als auch der Grenzstein geben uns keine Auskunft über den individuellen Weg deines Kindes, sie definieren lediglich ein bestimmtes Alter.

Jedes Kind entwickelt sich in seinem Tempo. Meilensteine sollen dich vor allem ermutigen, dein Kind ganz genau zu beobachten. Sie geben dir die Möglichkeit zu sehen, zu welchem Zeitpunkt der nächste Entwicklungsschritt voraussichtlich kommen wird, was dir wiederum Selbstsicherheit im Umgang mit deinem Kind gibt. Gleichzeitig jedoch heißt es nicht, dass dein Kind intelligenter oder besser als Gleichaltrige ist, wenn es einen Meilenstein früher erreicht.

Grenzsteine dagegen sind eine Art Frühwarnsystem, daher mag ich die englische Bezeichnung *Red Flags* sehr gerne. Sie geben dir einen Hinweis, wann eine diagnostische Abklärung notwendig ist. Du musst aber nicht bei jedem nicht erreichten Grenzstein in Panik verfallen und das Internet nach möglichen Therapien für dein Kind durchforsten. Atme erst einmal durch und beobachte dein Kind. Entdecke, wie es spielt, spricht, handelt und sich bewegt. Du kennst dein Kind am besten. Finde seine Stärken und Bedürfnisse heraus. Durch gute Beobachtung kannst du Anzeichen für Schwierigkeiten schnell erkennen und mit deiner Kinderärztin oder deinem Kinderarzt darüber sprechen. Grenzsteine zeigen uns: Schau genau hin. Sie wurden definiert, damit du als Mama oder Papa weißt, wann du eine Fachperson zurate ziehen solltest. Die definierten Grenzsteine sind aber nur ein klitzekleiner Hinweis in einer viel komplexeren Entwicklung.

Ich habe dir eine Liste der Grenzsteine zusammengestellt. Hat dein Kind einen Grenzstein nicht erreicht, rate ich dir, mit deiner Kinderärztin oder deinem Kinderarzt zu sprechen und eine logopädische Abklärung zu vereinbaren. Denn je früher logopädische Therapie startet, desto leichter können wir dein Kind unterstützen.

Hole dir Hilfe, wenn …

- … dein Kind mit achtzehn Monaten noch keine zwei Objekte identifizieren kann.
- … dein Kind mit zwanzig Monaten noch nicht auf ein benanntes Körperteil zeigt.

- ... dein Kind mit 22 Monaten noch keine vier Objekte identifizieren kann und die Präpositionen »in« und »auf« noch nicht versteht.
- ... dein Kind mit dreißig Monaten noch nicht auf vier genannte Körperteile zeigen kann und die Präposition »unter« noch nicht versteht.
- ... dein Kind mit neun Monaten noch keine zweisilbigen Lautketten produziert, zum Beispiel »ma-ma« oder »ba-da«.
- ... dein Kind mit zehn Monaten noch keine viersilbigen Lautketten produziert zum Beispiel »ga-ga-ga-ga« oder »ma-da-ga-ma«.
- ... dein Kind mit siebzehn Monaten noch nicht gezielt Mama oder Papa sagt. Das heißt, dass es dich als Mama oder Papa auch damit meint.
- ... dein Kind mit achtzehn Monaten noch keine drei Worte (außer Mama und Papa) spricht.
- ... dein Kind mit 24 Monaten noch keine fünfzig Wörter spricht und noch keine Zweiwortsätze bildet.
- ... dein Kind mit dreißig Monaten noch keine Fragewörter verwendet.
- ... dein Kind mit 36 Monaten noch keine Pluralformen verwendet. Das heißt, dass es zum Beispiel noch keine Mehrzahl bilden kann.
- ... dein Kind mit 48 Monaten noch nicht seinen Namen oder »ich« benutzen kann.

Ist die Sprachentwicklung verzögert, kann man das meistens im Alter zwischen achtzehn und dreißig Monaten erkennen. Kinder, die mit zwei Jahren noch keine fünfzig Wörter haben und auch noch keine Zweiwortsätze bilden, werden als

Late Talker bezeichnet. Eine verzögerte Sprachentwicklung heißt noch nicht, dass die Sprachentwicklung gestört sein muss. Man schätzt, dass etwa 10 bis 15 Prozent aller Kinder eine Sprachentwicklungsverzögerung haben. Für uns Logopädinnen und Logopäden ist dieser Zwei-Jahres-Grenzstein von besonderer Bedeutung. Daher ist besonders das dritte Lebensjahr wichtig, um Auffälligkeiten rasch zu erkennen, Eltern gut und sicher zu beraten und, wenn notwendig, ein Kind so früh wie möglich in seinen Schwierigkeiten zu unterstützen.

Mythencheck

Das Kind ist nur zu faul zum Sprechen.

Nein. Jedes Kind, das sprechen kann, spricht. Spricht ein Kind nicht, gibt es dafür immer eine Ursache. Diese Aussage ist einfach falsch und kann sogar schädlich sein, da die eigentlichen Gründe für eine Sprachentwicklungsverzögerung oder -störung ignoriert werden. Es kann auf eine Entwicklungsverzögerung, Hörprobleme oder zum Beispiel mangelnde sprachliche Anregung zurückzuführen sein. Es ist wichtig, sich Hilfe zu holen und in Anspruch zu nehmen. Frühe Intervention kann helfen, potenzielle Probleme zu erkennen und zu behandeln, denn je früher diese beginnt, desto leichter kann das Kind unterstützt werden.

Etwa jedes zweite Kind holt diese sprachliche Verzögerung bis ins Schulalter auf. Sie werden als *Late Bloomer*, übersetzt als

Spätblüher, bezeichnet. Bei ihnen kann es ohne logopädische Therapie weiterhin zu Auffälligkeiten in der Sprache und auch später beim Lesen und Schreiben kommen.

Ich nenne dir im Folgenden einige Punkte, die Folge einer nicht therapierten gestörten Sprachentwicklung sein können. Wohlgemerkt: sein können.

- Schwierigkeiten beim Lesen und Schreiben
- Schwierigkeiten beim Verstehen und Erzählen von Geschichten
- Schwierigkeiten beim Verstehen mathematischer Aufgaben
- neigen eher zu Depressionen
- bitten weniger um Hilfe
- zeigen weniger Interesse am gemeinsamen Spiel
- haben ein siebenfach erhöhtes Risiko, Schwierigkeiten in sozialen Kompetenzen zu entwickeln

Ein kleiner Reminder: Deine Elternschaft wird nicht an den Meilensteinen deines Kindes gemessen. Vergleiche dein Kind nur mit sich selbst statt mit anderen Gleichaltrigen.

Der beste Sprachfördertipp aller Zeiten

Meinen besten Ratschlag will ich dir nicht mehr länger vorenthalten. Bitte versprich mir, mein Buch trotzdem bis zum Ende zu lesen, auch wenn du dann den geheimsten Geheimtipp bereits kennst.

Der unschlagbare Tipp für die optimale Sprachförderung ist: fünfzehn Minuten ungeteilte Aufmerksamkeit mit deinem Kind.

Unglaublich, oder? Doch genau das ist es! Lass mich dir diesen Tipp genauer erklären. Oft denken wir, ausreichend Zeit mit unseren Kindern zu verbringen, sei es beim Spielen, Kochen, Backen oder Turnen. Dennoch schleicht sich manchmal das ungute Gefühl ein, nicht genug qualitativ hochwertige Zeit mit ihnen zu verbringen – das kenne auch ich nur allzu gut.

In meinem Kopf schwirren täglich Tausende Gedanken: Wann ist die nächste Schulveranstaltung? Habe ich genug Obst für die Snackbox zu Hause? Sind genügend Unterhosen gewaschen? Muss ich schon wieder tanken? Was muss ich noch einkaufen? Was werde ich morgen überhaupt kochen? Das ist so ziemlich der aktuelle Blick in meine mentale Welt. Hallo, Mental Load!

Unter diesen typischen Umständen von Elternschaft können fünfzehn Minuten ungeteilte Aufmerksamkeit für dein Kind eine echte Herausforderung sein. Unter ungeteilter Aufmerksamkeit verstehe ich, den Interessen deines Kindes zu folgen, ohne dabei zwangsläufig zu spielen, kochen oder turnen zu müssen – es geht darum, gemeinsame Freude im Austausch zu finden.

Diese fünfzehn Minuten kannst du ein bisschen vorbereiten. Schalte sämtliche Störgeräusche aus, sei es Radio, Fernseher, Waschmaschine oder idealerweise sogar dein Handy. Störgeräusche können es deinem Kind erschweren, sich zu konzentrieren, aufmerksam zu sein und auch gesprochene Wörter zu verstehen. Nutze diese wertvolle Zeit für dein Kind und versuche nicht, es zu verbessern. Genieße stattdessen die gemeinsamen Augenblicke. Beobachte aufmerksam, was dein Kind bereits kann oder vielleicht Neues gelernt hat. Verbessere und belehre dein Kind in dieser Zeit nicht. Verzichte darauf, ihm zu erklären, wie etwas besser oder anders funktionieren könnte. Beobachte es einfach und genieße diesen Moment.

Probiere diesen großartigen Tipp gerne aus, wenn du genügend Ressourcen hast und dich bereit dazu fühlst. Du kannst mit fünf Minuten starten und dich allmählich steigern. Dir einen Timer zu stellen, kann dir helfen, in eine Routine zu finden.

2

Sprache ist Bindung

Jedes Kind hat sein Tempo. Das gilt besonders für den Spracherwerb. Manche Kinder lernen vielleicht nicht so schnell zu sprechen wie andere, und das ist völlig in Ordnung. Viel wichtiger ist es, jedes Kind bestmöglich in seiner individuellen Sprachentwicklung zu unterstützen. Mit diesem Buch begleite ich dich auf der individuellen Reise durch die Sprachentwicklung deines Kindes. Es geht mir nicht darum, Druck auf Eltern auszuüben oder ihnen das Gefühl zu geben, etwas falsch zu machen. Ziel ist es, dir zu helfen, die Fortschritte deines Kindes zu erkennen und zu verstehen, was es braucht, um den nächsten Schritt zu machen. Wenn Unterstützung notwendig ist, solltest du sie aber rechtzeitig anbieten, damit dein Kind mit Leichtigkeit die Sprachleiter nach oben klettern kann. Über allem steht jedoch, dass du eine starke Bindung zu deinem Kind hast und seine Einzigartigkeit annimmst.

Du hörst vielleicht auch öfter den Satz: Entspann dich einfach bei der sprachlichen Entwicklung deines Kindes. Ich muss dann selbst immer erst einmal den Kopf schütteln, denn entspannen ist hier leichter gesagt als getan. Überall hängen Listen, die dir detailliert zeigen, was dein Kind zu einem bestimmten Zeitpunkt können soll – sei es krabbeln, gehen, sitzen, essen oder die ersten Wörter sprechen. Wie soll man sich denn da bitte keinen Druck machen? Viele Eltern fiebern jedem nächsten Entwicklungsschritt entgegen und hoffen, dass ihr Kind alle Punkte abhaken kann. Sie sehnen sich nach dem nächsten Meilenstein. Bei jedem Besuch beim Kinderarzt oder bei der Kinderärztin sitzt man nervös im Wartezimmer und hofft, dass die Ärztin oder der Arzt mit der Entwicklung zufrieden ist. Was Meilensteine und auch Grenzsteine sind und wofür wir sie brauchen, habe ich dir im vorangegangenen Kapitel schon erklärt.

Und dann gibt es ja auch noch die anderen Eltern, die stolz berichten, was der kleine Lasse bereits alles kann. Tante Gundula kommt auch jede Woche zu Besuch und fragt, wann dein Kind denn jetzt endlich gehen und verständlich sprechen wird. Im Hinterkopf schwebt bei dir bereits die Schuleinschreibung, obwohl sie noch einige Jahre entfernt ist, aber man will doch auch auf alles vorbereitet sein. All diese Punkte lasten schwer auf unseren Schultern. Das alles macht uns enormen Druck. Wir können unsere Gedanken nicht einfach abschalten. Wie sollen wir uns denn keinen Druck machen, wenn von allen Seiten so viele Dinge von unseren Kindern erwartet werden?

Ich kann dir leider nicht den gesamten Druck von deinen Schultern nehmen, den du hier verspürst. Gleichzeitig kann ich dich im Bereich der Sprachentwicklung so umfassend vorbereiten, stärken und begleiten, dass du erkennst: Du bist die perfekte Unterstützung für dein Kind. Wenn du dieses Buch liest und dir ein paar Mal denkst: »Ach, so leicht ist das? Das ist also Sprachförderung?«, dann habe ich bereits mein Ziel erreicht. Manchmal verspüren wir den starken Wunsch, die Entwicklung unseres Kindes intensiv zu fördern und voranzutreiben, sodass der Druck, alles richtig zu machen, übermächtig wird. Aber hier ist ein wichtiger Punkt: Kommunikation soll immer Freude bereiten. Es kommt nicht auf die Anzahl der korrekt ausgesprochenen Wörter an; viel bedeutender ist, dass dein Kind lernt, dir seine Bedürfnisse, Wünsche und Gedanken auf jede erdenkliche Weise mitzuteilen. Du bist der Schlüssel zu diesem wunderbaren Abenteuer und du machst das großartig!

Damit du und dein Kind diese Freude spüren können, habe ich dir in diesem Kapitel ein paar Anregungen zusammengestellt, wie du Sprachförderung ganz leicht in euer tägliches Leben integrierst: mit viel Spiel und Dialog.

Sechs Tipps zur Sprachförderung im Alltag

Ich schätze praktische Tipps. Ich brauche Ratschläge und Anleitungen, die sich mühelos in meinen Alltag integrieren lassen und leicht umsetzbar sind. Deshalb möchte ich dir hier sechs wichtige Punkte mitgeben, die dazu beitragen sollen, den Druck, den du vielleicht spürst, sowohl auf dich als auch auf dein Kind zu verringern. Gleichzeitig sollen sie dir einen neuen Weg aufzeigen, um dein Kind effektiv in seiner Sprachentwicklung zu unterstützen. Das Wichtigste dabei ist immer, dass ihr eine gute Verbindung aufbaut.

1. **Verzichte darauf, dein Kind dazu aufzufordern, dir etwas nachzumachen oder nachzusprechen.** Vermeide Aufforderungen wie: »Hund, das ist der Hund. Sag einmal Hund. Sag Hund.« In solchen Momenten spürt dein Kind automatisch, dass es etwas tun muss, und empfindet dabei ebenfalls Druck. Es kann möglicherweise nicht verstehen, was von ihm erwar-

tet wird. Oder es ist sich bewusst, dass es das, was du hören möchtest, noch nicht ausdrücken kann. Stell dir vor, wie es sich anfühlen würde, in einer Fremdsprache in einem Restaurant bestellen zu müssen, obwohl du weißt, dass du das noch nicht kannst. Wahrscheinlich wäre das eine unangenehme Situation für dich, und du würdest lieber erst bestellen, wenn du bereit dafür bist. Jedoch erlebt nicht nur dein Kind in solchen Momenten Druck. Wenn dein Kind dir nicht nachspricht, bist du vielleicht auch selbst verunsichert: »Warum spricht er jetzt nicht?«, oder: »Was ist los mit ihr? Warum sagt sie das nicht?«

Wie erwähnt, streben wir nach so wenig Druck wie möglich und möchten so viel Freude und Spaß an der Kommunikation wie möglich haben. Ich rate dir davon ab, dein Kind zum Nachsprechen zu drängen. Wenn es dich von sich aus imitiert, ist das natürlich super. Das ist der natürliche Instinkt deines Kindes. Dann kommt die Intention von ihm aus und zeigt dir, dass es auf einem sehr guten Weg ist.

2. **Du darfst Aussprachefehler niedlich finden.** »Es klingt aber so süß, wenn sie statt Schokolade ›Bobolade‹ sagt.« Du möchtest das immer wieder hören, weil es so niedlich klingt. Ich kann dir aus eigener Erfahrung sagen, dass es Wörter gibt, von denen man nicht will, dass sie jemals richtig ausgesprochen werden, weil sie so entzückend klingen. Lass dich auch hier von *mir* nicht unter Druck setzen. Dein Kind wird nicht später oder weniger deutlich sprechen, nur weil du dieses eine Wort immer wieder von ihm hören willst. Apropos, dein Kind wird mit hoher Wahrscheinlichkeit auch dieses Wort irgendwann korrekt sprechen, also schreibe es dir bitte unbedingt auf, damit du es nicht vergisst.
3. **Vermeide es, dein Kind ständig abzufragen.** Erinnerst du dich noch an deine Schulzeit? Stell dir vor, du stehst vorne an

der Tafel und der Lehrer oder die Lehrerin fragt dich Vokabeln ab. In solchen Momenten denkt man oft an verschwitzte Hände und Schweißperlen auf der Stirn. Ich weiß nicht, wie es dir geht, aber ich persönlich empfinde es als absolut unangenehm, abgeprüft zu werden. Ich musste erst vor Kurzem meinen amerikanischen Führerschein machen und war schweißgebadet, als mich der Fahrlehrer sämtliche Dinge im Auto abfragte. Ich wusste, ich kann Auto fahren, und trotzdem war ich so nervös wie schon lange nicht mehr. Genauso geht es auch deinem Kind, wenn du es, besonders vor anderen Personen, nach Wörtern oder Dingen, fragst. Statt also dein Kind mit Fragen zu überhäufen wie: »Was ist das? Was ist das? Was ist das?«, versuche, den Druck zu nehmen, und beginne, Dinge für dein Kind zu benennen. Statt ihm eine Frage zu stellen, gib ihm lieber fünf Antworten. Was meine ich damit? Anstatt zu fragen: »Was ist das? Das kennst du doch«, oder: »Da trinkst du immer raus«, sage lieber: »Oh, schau mal, da ist deine Flasche. Da füllen wir gleich frisches Wasser ein. Du kannst die Flasche zuschrauben. Ich helfe ein bisschen mit. Bitteschön, deine Flasche mit frischem Wasser.«

4. **Gib deinem Kind die Wörter.** Indem du die Initiative übernimmst und die Gegenstände und Dinge benennst, für die dein Kind noch keine Worte hat, gibst du ihm die Möglichkeit, zuzuhören und zu lernen, ohne dabei einem ständigen Prüfungsdruck ausgesetzt zu sein. Dein Kind hat Freude daran, die Welt um sich herum zu erkunden und neue Wörter zu entdecken.

Mir ist die Beziehung zu meinen Kindern und auch zu all meinen Therapiekindern sehr wichtig. Ich versuche, ihnen auf Augenhöhe zu begegnen, und sehe sie als gleichwürdige Menschen mit eigenen Bedürfnissen und Wünschen an.

Ich mag es nicht, Kinder zu erpressen, zu bestrafen oder für blöd zu verkaufen. In Elterngesprächen wurde mir schon oft gesagt, dass Eltern geraten wurde, ihr Kind zum korrekten Sprechen zu zwingen, etwa so: »Du bekommst die Milch erst, wenn du ›Milch‹ richtig sagst.« Diesen Weg, mit seinem Kind zu kommunizieren, sehe ich nicht als gleichwürdig an. Er kann das Vertrauen und die Bindung zwischen dir und deinem Kind beeinträchtigen. Wie würde es sich für dich anfühlen, wenn du in einem fremden Land in einem Restaurant bist und dein Glas Wasser erst erhältst, wenn du das Wort »Wasser« in der Landessprache korrekt aussprichst? Wahrscheinlich würdest du denken: »Das kann doch nicht deren Ernst sein! Das war wohl das letzte Mal, dass sie mich hier gesehen haben! Was für eine bodenlose Frechheit!«

Sätze wie der mit der Milch können negative Gefühle und Frustration bei deinem Kind auslösen. Statt es in eine unangenehme Lage zu bringen, ist es besser, auf authentische und respektvolle Weise mit ihm zu kommunizieren. In einer verständnisvollen Umgebung wird dein Kind einen positiven Zugang zur Sprache finden, denn Kinder lernen am besten, wenn sie sich sicher und respektiert fühlen. Vielleicht schafft es dein Kind auch noch nicht, ein Wort korrekt auszusprechen. Dies könnte zu Gedanken führen, wie: »Ich sollte das schon können und schaffe es nicht. Ich bin nicht gut genug.« Vergiss nicht, jedes Kind hat sein eigenes Tempo und seinen individuellen Weg.

5. **Vermeide die Frage »Sag mir einfach, was du möchtest!«** in Situationen, in denen dein Kind frustriert ist und vielleicht weinend am Boden liegt. In solchen Momenten der Verzweiflung hilft es nicht, nach dem zu fragen, was dein Kind braucht, denn das weiß es wahrscheinlich selbst ge-

rade nicht. Gib deinem Kind stattdessen lieber die Wörter, die es braucht. Zum Beispiel könntest du sagen: »Du bist hungrig und möchtest die Kekse«, oder: »Ich verstehe dich gerade nicht, wollen wir es später nochmal versuchen?«, oder auch: »Ich habe verstanden, dass du die Schokolade möchtest, gleichzeitig hast du heute schon zwei Eis gehabt. Wie wäre es mit einer Banane?« Indem du die Bedürfnisse und Emotionen deines Kindes benennst, erweiterst du nicht nur automatisch seinen Wortschatz, sondern gibst ihm auch Sicherheit. Du zeigst ihm, dass du aufmerksam bist und versuchst, seine Gefühle zu verstehen. Es fühlt sich gesehen und akzeptiert und lernt, dass all seine Gefühle in Ordnung sind. Gleichzeitig lernt es, seine Emotionen in Worte zu fassen und sich besser mitzuteilen.

6. **Anstatt dein Kind mit zu vielen direkten Fragen zu überfordern,** sage ihm lieber, was du siehst, hörst oder was du gerade faszinierend findest. Anstatt zu fragen: »Womit spielst du gerade? Was macht dein Auto da? Warum schleuderst du dein Auto durch die Gegend?«, könntest du es so versuchen: »Ah, du hast dein Auto gefunden. Lässt du es über die Brücke fahren? Achtung, oh nein, dein Auto ist ins Wasser gestürzt.«

   Indem du deine Beobachtungen und Kommentare teilst, ermutigst du dein Kind, seine Aktivitäten zu erklären und mit dir zu kommunizieren, ohne dass es sich unter Druck gesetzt fühlt. Dein Kind lernt so, seine Gedanken und Ideen besser auszudrücken. Gleichzeitig soll dies keine Einladung sein, dein Kind den ganzen Tag zuzutexten: »Ich hole jetzt deine Milch. Ich gehe in die Küche. Ich mache den Kühlschrank auf. Hier steht die Milch. Ich nehme die Milch. Und schließe die Kühlschranktür. Ich schraube die Milch auf. Jetzt hole ich noch dein Glas und schütte die Milch in dein Glas. Jetzt muss ich die Milch wieder zuschrauben und zurück in den Kühlschrank stellen. Tür auf. Milch rein. Kühlschranktür wieder zu.«

Es ist verständlich, dass du so viel wie möglich sprechen willst, wenn dein Kind in der Nähe ist. Du willst schließlich eine Umgebung schaffen, in der dein Kind viel Sprache hört. Dein Kind wird dir aber so nicht mehr folgen. Es kann viel besser Informationen aufnehmen, wenn du mit ihm in Kontakt bist und seinen Interessen folgst.

Das klingt doch alles sehr einfach, oder? Ist es in gewisser Weise auch. Dir im Klaren zu sein, wie du mit deinem Kind sprichst und welch großen Effekt kleine Veränderungen haben, ist schon der erste Schritt zur perfekten Sprachförderung. Wenn du dir bewusst machst, welche Verhaltensweisen du vielleicht unbewusst anwendest, öffnest du die Tür zu positiven Veränderungen. Dieser gedankliche Schritt allein kann bereits so viel in der Art und Weise verändern, wie du mit deinem Kind interagierst, und somit einen nachhaltigen Einfluss auf seine Entwicklung haben. Das schafft eine bewusste und liebevolle Kommunikation, die weit über die sprachliche Entwicklung hinausgeht und eine tiefere Verbindung zwischen dir und deinem Kind fördert.

Sprache und Spiel

Wann lernst du am besten? Ganz genau, wenn du an etwas interessiert bist und es dir Spaß macht. Und was macht Kindern am meisten Spaß? Ganz genau: spielen! Manchmal ist das für uns Erwachsene schwer vorstellbar, aber Kinder lernen und verarbeiten über das freie Spiel. Das gilt auch für die Sprache. Kinder lernen Sprache spielerisch durch Interaktion mit anderen Personen. Das heißt, ein Kind braucht eine reale Person, die prompt auf seine Äußerungen reagiert, um sprechen zu lernen. Dies ist auch der Grund, warum Kinder Sprache nicht durch das Fernsehen erlernen können. Sie brauchen jemanden, der auf sie in Echtzeit regiert. Achtung: Hier geht es um das Erlernen von Sprache, nicht darum, den Wortschatz zu erweitern, wenn Sprache bereits erworben ist. Es gibt außerdem kaum einen schöneren Weg als das Spiel, um mit deinem Kind in Kontakt zu sein und zu sehen, was es für Interessen hat. Du kannst dabei ganz von ihm ausgehen und dich von seinem Tempo leiten lassen.

Schon oft musste ich mir als Therapeutin anhören: »Logopädinnen spielen doch nur.« Hier kann ich dir ganz klar antworten: Ich als Kinderlogopädin definitiv, denn auch das Sprechen und die Sprache wird über das freie Spielen gelernt. Das Spiel lässt das Gehirn deines Kindes wachsen und bereitet es darauf vor, die ersten Wörter zu sprechen. Dein Kind braucht nicht dieses eine bestimmte Spielzeug oder dieses eine bestimmte Buch, um sprechen zu lernen. Dein Kind lernt durch das freie Spiel und das auch noch in alltäglichen Situationen. Sei mit deinem Kind in Kontakt und versuche, dein inneres Kind hervorzulocken. Alles, was Spaß macht, lernen wir mit mehr Motivation und das auch noch viel schneller.

Mir ist klar, spielen mag nicht jede und jeder. Ich bin ganz ehrlich, ich spiele gerne, will aber auch nicht jeden Tag ein Einhorn oder eine Eidechse sein. Du kannst dir sicher vorstellen, wie groß meine Lust ist, mit meinen eigenen Kindern zu spielen, nachdem ich einen ganzen Tag therapeutisch in meiner Praxis mit anderen Kindern gespielt habe. Sei ganz unbesorgt, dein Kind wird sprechen lernen, auch wenn du nicht permanent mit ihm spielst. Ich werde dir noch genug andere Möglichkeiten und

Wege zeigen, dein Kind in seiner Sprachentwicklung zu unterstützen. Aber vielleicht bringe ich mit meinen Tipps den einen oder anderen Spielemuffel auch dazu, sich auszuprobieren. Hier findest du übergreifende Ratschläge. Weitere Ideen findest du in den einzelnen Kapiteln zu den verschiedenen Altersstufen.

Der einfachste Weg, um in das Spiel mit deinem Kind zu finden, ist, dich von ihm führen zu lassen. Warte ab und beobachte, was dein Kind dir von sich aus anbietet. Schnappt es sich zum Beispiel ein Auto, nimm auch du dir ein Auto. Bevorzugt es die Puppe, nimm dir eine eigene Puppe oder Kleidung oder Gegenstände für sie. Lass dir von deinem Kind zeigen, wie es die verschiedenen Gegenstände einsetzt.

Viel wichtiger als das gemeinsame Spiel ist es, in Kontakt zu sein. Auch wenn du nicht mitspielst, kannst du dein Interesse für das kindliche Spiel zeigen. Lass dein Kind in erster Linie selbst tun, du kannst aber auch jederzeit deine eigenen Ideen einbringen, die dir Spaß machen. Hat dein Kind sich zum Beispiel für ein Auto entschieden und fährt damit über den Fußboden, könntest du ihm eine Rampe bauen und das Auto vom Sofa runterfahren lassen. Veranstaltet ein Wettrennen. Klebt mit Klebeband eine Ziellinie oder markiert euch die Stellen, wie weit die Autos gefahren sind. Habt gemeinsam eine gute Zeit und vor allem Spaß.

Für das Spielen mit deinem Kind ist es wichtig, auf Augenhöhe mit ihm zu sein. Setze dich zu ihm auf den Boden und bringe auch eure Köpfe auf eine Ebene. Je näher eure Köpfe sind, desto leichter ist es, mit deinem Kind in Kontakt zu kommen und ganz besonders Augenkontakt zu haben. Ich weiß aus meinen Therapien, dass es oft nicht leicht und auch nicht bequem ist, auf der gleichen Ebene wie dein Kind zu sein beziehungsweise zu bleiben. Mache es dir auf alle Fälle bequem und nimm eine für dich komfortable Position ein.

Sei deinem Kind auch körperlich nahe, indem du dich in seine Richtung beugst. Du gibst deinem Kind so die Möglichkeit, dir in die Augen zu sehen, siehst aber gleichzeitig auch seine Augen und woran es gerade Interesse gefunden hat. Seid ihr euch nahe, kann dein Kind nicht nur deine Augen sehen, sondern auch deinen Mund. Es sieht, welche Bewegungen dein Mund macht und wie du verschiedene Laute bildest.

Weniger ist oft mehr. Als Mama von zwei Kindern weiß ich, dass dieser Punkt leichter gesagt als getan ist. Studien zeigen allerdings, dass Kinder sich länger auf ein Spielzeug konzentrieren können und es auch variationsreicher verwenden, wenn ihnen weniger Spielzeug angeboten wird, als Kinder, denen mehr Spielzeug zur Verfügung steht. Versuche, deinem Kind nur einige von dir gut ausgewählte Spielsachen anzubieten. Anderes Spielzeug kannst du in der Zwischenzeit verstauen oder beiseiteräumen. Nach einer Woche oder einem längeren Zeitraum kannst du das Spielzeug rotieren lassen und deinem Kind wieder neue Spielsachen anbieten. Empfohlen wird, zwischen drei und fünf Spielsachen gleichzeitig anzubieten.

Eine Studie von 2019 fand heraus, dass visuell einfache Spielsachen, also zum Beispiel Bausteine in klaren Farben und Formen, Eltern dazu anregten, spezifischere Vokabeln zu verwenden: Sie benannten die Farben und Formen. Eltern, die mit ihren Kindern mit visuell auffälligeren Dingen spielten, zum Beispiel mit einem Ring voller bunter Schlüssel mit verschiedenen Mustern, setzten hingegen sehr einfaches Vokabular wie »das« oder »dieses« ein.

Hier kommt mein Tipp Nummer eins, wenn es um das Spielen mit deinem Kind geht und du einfach nicht weißt, wie du es angehen sollst: Warte aufmerksam ab. Das fällt mir persönlich sowohl mit meinen eigenen Kindern als auch mit meinen Therapiekindern besonders schwer. Aufmerksam abwarten heißt in diesem Fall, nicht neben deinem Kind zu sitzen und an die Wäsche, den Einkauf und das Abendessen zu denken. Ja, ich weiß, leichter gesagt als getan. Aufmerksam abwarten heißt, sich wirklich auf dein Kind zu fokussieren und zu erkunden, was es beschäftigt und was es interessiert.

Was heißt das? Überlasse deinem Kind die Führung. Während dein Kind mit einem Gegenstand beschäftigt ist, beobachte es aktiv. Sieh dir an, welches Spielzeug sich dein Kind ausgesucht hat und wie es mit diesem Gegenstand hantiert. So zeigt es dir, was ihm gefällt und woran es interessiert ist. Nutze diese Chance und folge den Interessen deines Kindes. Nun kannst du mit Leichtigkeit in sein Spiel einsteigen. Genau wie bei einem Dialog könnt ihr euch auch beim Spielen abwechseln. Du beobachtest, wie dein Kind mit einer Rassel auf den Boden klopft. Du steigst in sein Spiel ein und klopfst ebenfalls mit einer Rassel auf den Boden und sagst »bum, bum, bum«. Nun mache aktiv eine Pause und warte aufmerksam. Große Augen, offener Mund, lächeln und abwarten. Wird dein Kind den Dialog aufnehmen?

Dein Kind könnte darauf antworten und noch einmal mit der Rassel auf den Boden klopfen. Es könnte dich aber auch verwirrt ansehen und dir zeigen, dass es eine andere Vorstellung von seinem Spiel hat und zum Beispiel die Rassel wegwerfen. Alle Möglichkeiten sind Wege, mit deinem Kind zu kommunizieren, in Kontakt zu treten und Bindung aufzubauen. Reagiere darauf und antworte deinem Kind wieder mit klopfen oder »huch, weggeschossen«, oder halte dir die Ohren zu und sage: »Laut, oh ist das laut!«, und verziehe dabei dein Gesicht. Warte wieder aufmerksam, was dein Kind dir antwortet. So könnt ihr spielerisch eine Art Dialog führen.

Es kann auch passieren, dass dein Kind gar nicht auf dich reagiert. Sind Kinder ganz auf einen Gegenstand oder eine Aktivität fokussiert, sind sie im Flow. In diesem Moment arbeitet und verarbeitet ihr Gehirn gerade sehr viel Informationen. Ist dies der Fall, dann unterbrich dein Kind bitte nicht. Es lernt gerade, sich zu konzentrieren und seine Aufmerksamkeit auf einem Gegenstand oder einer Aktivität zu halten. Nutze diese Gelegenheit und warte aufmerksam ab, um das Spiel und den Fokus deines Kindes zu verstehen. Gehe noch etwas näher ran. Achte bei Klopfspielen auf deinen Kopf. Suche den Blickkontakt und versuche es noch einmal.

Der Schlüssel zu einer gelungenen Kommunikation ist also, »sich abzuwechseln«. Dein Kind entdeckt ein Spielzeug für sich und spielt damit auf seine Art. Du antwortest mit einer Aktion, die sich auf diesen Gegenstand oder die Handlung deines Kindes bezieht. Dann machst du eine aktive Pause und wartest aufmerksam, wie dein Kind reagiert.

Dein Kind sitzt in der Badewanne und spritzt Wasser. Du beobachtest dein Kind, siehst, wie viel Spaß es am Spritzen mit Wasser hat, machst mit und spritzt ebenfalls mit dem Wasser. Dein Kind hält jetzt inne, sieht dich an und lacht. Du hörst auf, mit dem Wasser zu spritzen, und siehst es ebenfalls mit lächelndem Gesicht, großen Augen und offenem Mund an. Dein Kind sieht dich erwartungsvoll an und hört auch auf zu spritzen. Du sagst »los« und spritzt wieder mit Wasser, woraufhin dein Kind wieder in das Spiel einsteigt.

Du beobachtest dein Kind aufmerksam, während es ein Auto fahren lässt. Du steigst in sein Spiel ein, schnappst dir ebenfalls ein Auto und machst lustige Geräusche wie »brm« oder »wihihi«. Dein Kind stoppt in seinem Spiel, sieht dich an und schaut, was du machst. Du siehst dein Kind ebenfalls an und lässt dein Auto mit lautem »brm« über das Tischbein fahren. Dein Kind fährt jetzt mit seinem Auto Richtung Tischbein und macht vielleicht ebenfalls »brm«. Oder es fährt in eine andere Richtung weiter. Steigt dein Kind nicht auf dein Spiel ein, imitiere es und folge seiner Handlung. Begleite wieder mit »brm« oder »tu tu«. Lass dich von seinem Spiel leiten und geh auf den Dialog ein. Dein Kind führt nun seine ersten kleinen Gespräche.

Warum brauchen wir Dialoge?

Wir wollen, dass unser Kind sprechen lernt, damit es mit uns kommuniziert. Wir wollen, dass es uns sagen kann, was es will oder braucht und uns seine Gedanken mitteilt. Die Grundlage für Kommunikation ist menschliche Verbindung.

Dein Kind ist von Natur aus neugierig und will die Welt für sich entdecken. Es entwickelt sich in einer Welt, die von Interaktion und Kommunikation geprägt ist. Eine wichtige Form von Kommunikation sind Dialoge. Dialoge spielen eine entscheidende Rolle in der Sprachentwicklung von Kindern. Im Dialog mit anderen Menschen wird dein Kind mit einer Vielzahl neuer Wörter konfrontiert. Dein Kind hört diese Wörter, stellt Fragen zu deren Bedeutung und versucht, sie selbst zu verwenden. Nimmt dein Kind aktiv an einem Dialog teil, kann es automatisch seinen Wortschatz erweitern und neue Begriffe und Konzepte erlernen. Dadurch, dass dein Kind diese neu gelernten Wörter in verschiedenen Zusammenhängen übt und anwendet, festigt es deren Anwendung und auch sein Verständnis.

Gleichzeitig bieten Dialoge deinem Kind die Möglichkeit, seine grammatischen Fähigkeiten zu üben und zu verbessern. Wenn dein Kind mit jemandem spricht, hört es, wie zum Beispiel Verbformen richtig verwendet werden und wie sich eine korrekte Satzstruktur anhört. Es lernt, wie man Fragen stellt, Sätze bildet und seine Gedanken klar und verständlich ausdrückt. Durch das Hören und Imitieren von anderen (dazu im nächsten Kapitel mehr) verbessert es seine Aussprache und erlernt, Betonung zu setzen.

Dialoge fördern nicht nur den Aufbau eines umfangreichen Wortschatzes und die Beherrschung von Grammatik, sondern auch die Entwicklung kommunikativer Fähigkeiten. Im Dialog lernt dein Kind, aktiv zuzuhören und die Informationen, die es bekommt, zu verstehen. Dein Kind entwickelt Fähigkeiten wie die Wahrnehmung von nonverbaler Kommunikation, das Erkennen von Gefühlen und Absichten anderer Menschen und das Interpretieren von Inhalten. Diese Fähigkeiten sind entscheidend für das Verständnis von Gesprächen und sozialer Interaktion.

Im Dialog lernt dein Kind, seine Gedanken, Ideen und Gefühle verbal auszudrücken. Es übt, klare und präzise Sätze zu bilden, seine Meinung zu äußern und Argumente zu finden. Durch den Dialog kann dein Kind seine sprachlichen Fähigkeiten aktiv einsetzen und sein Selbstbewusstsein in Bezug auf seine Ausdrucksfähigkeit stärken.

Dialoge ermöglichen deinem Kind, mit anderen in Interaktion zu treten und kooperative Fähigkeiten zu entwickeln. Während des Dialogs lernt dein Kind, auf andere zu reagieren, Rücksicht auf seinen Gesprächspartner oder seine Gesprächspartnerin zu nehmen und angemessene Kommunikationsstrategien zu verwenden. Dein Kind übt das aktive Zuhören, stellt

Fragen, nimmt Perspektiven anderer ein und lernt, seine eigenen Gedanken und Gefühle in angemessener Weise auszudrücken. Diese Fähigkeiten sind für zwischenmenschliche Beziehungen und Zusammenarbeit von großer Bedeutung.

Dialoge sind entscheidend für die Sprachentwicklung von Kindern. Durch den Austausch mit anderen erweitern sie ihren Wortschatz, verbessern ihre Grammatik und Aussprache und entwickeln kommunikative Fähigkeiten. Dialoge ermöglichen es Kindern, zuhören zu lernen, sich auszudrücken, sich in andere hineinzuversetzen und kooperative Fähigkeiten zu entwickeln. Mir ist an dieser Stelle wichtig, dass du die Bedeutung von Dialogen erkennst. Biete deinem Kind reichlich Möglichkeiten, sich verbal auszudrücken und mit anderen zu interagieren. Durch das gemeinsame Gespräch mit deinem Kind teilt ihr nicht nur Informationen, sondern auch Gefühle, Gedanken und Erfahrungen. Diese emotionalen Verbindungen, die im Dialog entstehen, schaffen ein Gefühl von Nähe und Vertrauen. Nutze jede Gelegenheit, um mit deinem Kind in Kontakt zu treten und mit ihm zu sprechen. So zeigst du ihm, dass es gehört, verstanden und geliebt wird. In einem offenen Dialog liegt der Schlüssel zu einer starken Bindung zwischen dir und deinem Kind.

3

Dein Baby

In den kommenden Kapiteln möchte ich dich auf die Sprachreise deines Kindes mitnehmen: von den ersten Lauten bis hin zu komplexen Konversationen, die es im Vorschulalter führen wird. Die Entwicklung jedes Kindes ist ein einzigartiger Prozess. Obwohl ich die verschiedenen Phasen nach Alter unterteilt habe, möchte ich betonen, dass diese Angaben immer nur einen Richtwert darstellen. Jedes Kind hat sein eigenes Tempo, mit all seinen Schwächen und Stärken. Es kann daher sein, dass dein Kind bestimmte Meilensteine schon früher oder später erreicht als andere, und das ist völlig okay. Mein Ziel ist es, dich dabei zu unterstützen, dein Kind besser zu verstehen und zu begleiten.

Wie kann ich mit meinem Neugeborenen kommunizieren?

Dein Baby wird geboren und erfährt erst einmal, wie die Welt um es herum sich so anfühlt. Plötzlich ist es nicht mehr warm, leise und gemütlich, sondern kalt, laut und ungewohnt. Der erste Weg, mit dir zu kommunizieren und dir zu zeigen, dass etwas nicht gut ist, wird Schreien sein. Dein Baby kann noch nicht

»He, Mama, mir ist kalt« sagen, oder: »Boa, ich hab Riesenhunger«, und genau deshalb gurrt, quietscht oder schreit es, um dir zu zeigen: »Ich brauche Hilfe«, und: »Etwas ist unangenehm!« Dieses Schreien ist nicht bewusst, sondern ein Reflex, um dir mitzuteilen, dass genau jetzt etwas nicht stimmt.

Wenn allerdings schon das Baby nicht weiß, was eigentlich nicht stimmt, woher sollen wir als Eltern es denn dann wissen? Und genau darin besteht unsere erste Aufgabe. Wir wollen herausfinden, wie wir unserem Baby helfen können. Anfangs ist das noch recht einfach: Wir arbeiten einfach unsere Checkliste ab. Windel voll? Nein, gerade gewechselt! Müde? Nein, gerade Mittagsschlaf gehabt! Hunger? Ah, du bist hungrig! Oh ja, du hast Riesenhunger. Ich höre dich!

So oder natürlich in jeder anderen Reihenfolge finden wir heraus, was unser Baby braucht, und lernen es immer besser kennen. Wenn wir anfangs noch mehr Zeit benötigen, kannst du nach einigen Wochen vielleicht schon schneller erkennen, dass dein Baby jetzt gerade sehr müde ist.

Und jetzt verrate ich dir etwas: Schon hier, genau in diesen Augenblicken, wo dein Baby »nur« weint, beginnt Sprachförderung! Hä?, denkst du jetzt vielleicht. Was hat Weinen denn mit Sprache zu tun? Ich will es dir erklären. Dein Baby weint. Du siehst es an und sagst zu ihm: »Oh, ich höre, du weinst! Hast du Hunger?« Auch wenn dein Kleines noch nicht sprechen kann, es hört dich! Es hört deine vertraute Stimme und hört deine Worte. Schon hier beginnen sich Synapsen im Hirn zu verknüpfen, und diese Synapsen lassen den Wortschatz wachsen.

Hier habe ich einige Beispiele für dich, wie du jetzt schon Sprache fördern kannst:

»Du gähnst! Woaaaa (Gähngeräusch). Bist du schon müde?«

»Ich höre dich schreien. Du hast bestimmt Hunger!«

»Diese Windel ist ganz schön voll. Die werden wir jetzt wechseln.«

»So viele Leute, ich denke, wir zwei suchen uns jetzt einen ruhigen Ort.«

Sprache bedeutet Bindung und Zuwendung. Nur durch Bindung, Zuwendung und Interaktion kann sie gelernt werden. Dein Baby lernt durch deine Interpretation: »Ach, also dieses Brummeln in meinem Bauch könnte Hunger sein!«

Nach einigen Wochen merken wir, dass das Baby immer munterer und aufmerksamer wird und die Wachphasen länger werden. Nutze genau diese Wachphasen, um mit deinem Kind in Kontakt zu treten und es besser kennenzulernen. Wichtig für die Kommunikation ist der Blickkontakt. Dein Baby soll dich sehen können.

Bist du eine schlechte Mutter oder ein schlechter Vater, wenn du nicht herausfindest, was dein Kind braucht? Nein, absolut nicht. Stell dir einfach vor, du hast schlecht geschlafen, dir tut dein Rücken weh und du willst eigentlich nur zurück ins Bett. Dann würdest du zu einer Freundin sagen: »Mir geht es heute echt nicht gut. Ich will eigentlich nur Ruhe und ein heißes Bad.« Und dein Baby? Richtig! Es weint. In Situationen, in denen wir nicht wissen, was los ist, können wir für unser Kind einfach nur da sein. Wir können es wiegen, für es singen, streicheln, es tragen. Auch es einen kurzen Moment weinend ablegen und tief und fest durchatmen ist okay.

Mythencheck

Ich darf mit meinem Kind nicht Babysprache sprechen, da es sonst nicht oder spät sprechen lernt.

Du hast vielleicht gehört, dass du mit deinem Kind nicht Babysprache sprechen sollst, sondern dass es besser ist, gleich »richtig« mit deinem Kind zu sprechen. Das ist nur zum Teil korrekt. Du darfst mit deinem Kind Babysprache sprechen: Sprich langsamer, höher, betonter, mit mehr Pausen – allerdings mit richtiger Grammatik und den richtigen Wörtern.

Vielleicht hast du schon einmal bemerkt, dass du, wenn du mit deinem Neugeborenen oder deinem Säugling sprichst, automatisch zu einer höheren Stimmlage wechselst, Wörter stärker betonst und dein Baby intensiv ansiehst. Überraschenderweise hat diese Art des Sprechens sogar einen Namen: Wir nennen das *Parentese* oder auch kurz »Babysprache«.

Studien haben gezeigt, dass Menschen, die mit Babys sprechen, automatisch in dieses Sprechmuster verfallen. Dadurch, dass unsere Stimme dann sehr melodisch, fast wie Musik klingt, kann sie die Aufmerksamkeit des Babys besser auf sich ziehen. Wir neigen auch dazu, langsamer mit Babys zu sprechen. Das erleichtert es dem Kind, gesprochene Inhalte besser zu verarbeiten und Informationen besser aufzunehmen. Wir verwenden einfachere Sätze, wiederholen Wörter und betonen diese übertrieben, um die Verständlichkeit des Gesagten zu erhöhen. Gleichzeitig verwenden wir besonders expressive Gesichtsausdrücke und vermehrt Gesten, um die Bedeutung unserer Wörter zu verdeutlichen.

Für die Sprachentwicklung hat Parentese sehr große Bedeutung. Bevor dein Kind in der Lage ist, einzelne Laute oder Wörter zu sprechen, ahmt es zuerst automatisch unseren Sprachrhythmus nach. Wenn du in Parentese mit deinem Kind sprichst, lächle es dabei an und mache ein freundliches Gesicht. Lächle dein Kind bitte nicht den ganzen Tag an und laufe mit versteinerter, lächelnder Miene durch deinen Tag. Aber gerade, wenn du mit deinem Kind in Kontakt bist, sprichst oder spielst, bekommt es durch ein freundliches Gesicht eine positive Rückmeldung. Und positive Rückmeldungen finden wir alle motivierend.

Parentese erleichtert Babys die Kommunikation mit Erwachsenen, stärkt die emotionale Bindung und fördert die sprachliche Entwicklung. Beachte aber, dass Wörter und Sätze dabei grammatikalisch korrekt bleiben. Bitte vermeide Ausdrücke wie »Hat du gute Hammi Hammi gemacht?« oder »Zeit für Schlafi, Schlafi. Ab in die Heia«. Die Qualität und Art der verbalen Interaktion zwischen Eltern und Kindern tragen erheblich zur Sprachentwicklung bei. Wendest du geeignete sprachliche Muster bewusst an, wie zum Beispiel Babysprache, kann das einen positiven Einfluss auf die sprachliche Kompetenz deines Kindes haben.

Parentese fühlt sich für viele Eltern ganz natürlich an und kommt auch so über Ihre Lippen. Manche Eltern finden diese Form des Sprechens total albern und empfinden es als sehr unangenehm. Gehörst du zur letzteren Gruppe, kann ich dir nur empfehlen, Parentese zu üben. Nutze Momente mit deinem Kind, in denen ihr alleine seid, und probiere dich und deine Stimme aus. Und wenn du merkst, dass es nichts für dich ist, richtig: Mach dir keinen Druck! Es gibt so viele andere Tipps, die du in deinem Alltag umsetzen kannst.

Gemeinsame Aufmerksamkeit

Die Grundlage unserer Sprachentwicklung ist die gemeinsame Aufmerksamkeit. Auf unserer Sprachleiter stellt sie die unterste Sprosse dar, von der aus der Spracherwerb seinen Anfang nimmt. Stell dir die Aufmerksamkeit deines Kindes wie den Strahl einer Taschenlampe vor, der auf einen Gegenstand gerichtet ist. In den ersten Lebensmonaten konzentriert sich dein Kind ausschließlich auf den von seiner »Taschenlampe« beleuchteten Gegenstand. Stell dir vor, du wickelst dein Baby, und es entdeckt die Popo-Creme. Es saugt an der Tube, während seine Aufmerksamkeit voll auf dieses beleuchtete Objekt gerichtet ist. Wenn du dann in sein Blickfeld trittst, vergisst dein Baby die Creme und seine Aufmerksamkeit wird auf dich gelenkt.

Du sagst: »Mh, schmeckt die Creme gut? Ba, schmeckt sie? Die ist doch für den Popo.« Dein Kind wird ganz schnell das Interesse an der Creme verlieren und den Fokus auf dich richten. Es wird dich mit großen Augen ansehen, die Creme wird vorübergehend aus seinem Blickfeld verschwinden und die imaginäre Taschenlampe leuchtet auf dein Gesicht.

Der Strahl der Taschenlampe deines Kindes bleibt zunächst nur auf einen Gegenstand gerichtet. Diese Dynamik verändert sich mit der Entwicklung deines Kindes. Um den ersten Geburtstag herum beginnt dein Kind, den Strahl seiner Taschenlampe zu vergrößern. Es kann nun einen größeren Bereich mit seinem Strahl beleuchten und lernt, die Welt der Personen mit der Welt der Gegenstände zu verbinden. Bei erneutem Wickeln nimmt es vielleicht wieder die Popo-Creme in den Mund, richtet aber nun seinen Blick auf dich, als ob es sagen möchte: »Was sagst du jetzt? Siehst du, dass ich wieder an der Creme lutsche?«

Es kann gleichzeitig den Strahl seiner Taschenlampe auf die Creme und dein Gesicht richten.

Dieser Blick, den dir dein Kind gibt, signalisiert die Verbindung zwischen dem eigenen Ich, dir und einem bestimmten Gegenstand. Der Übergang von der Konzentration auf einen einzelnen Gegenstand zur gemeinsamen Aufmerksamkeit zwischen deinem Kind und dir ist ein entscheidender Entwicklungsschritt. Gemeinsame Aufmerksamkeit bedeutet, dass dein Kind und du gemeinsam auf ein Objekt oder eine Handlung fokussiert seid und ihr euch dessen bewusst seid, dass ihr diese Erfahrung gemeinsam macht.

Um Wörter zu erlernen und zu verinnerlichen, muss dein Kind darauf achten, was du sagst, das Objekt sehen und erkennen sowie die gesprochenen Worte mit dem Gegenstand verknüpfen. Die Blickbewegungen zwischen einem Objekt und dir werden mehrmals hin- und herwandern, während dein Kind lernt, Aufmerksamkeit zu teilen und gemeinsame Erfahrungen zu schaffen.

Um den ersten Geburtstag kann dein Kind auf etwas aufmerksam machen und so deine Aufmerksamkeit erregen, gleichzeitig aber auch deiner Initiative folgen und seine Aufmerksamkeit auf etwas richten, das du ihm zeigst oder sagst. Ich empfehle dir, mit dem Kinderarzt oder der Kinderärztin zu sprechen, wenn dein achtzehn Monate altes Kind nicht versucht, deine Aufmerksamkeit zu erregen. Dies könnte ein Indikator dafür sein, dass eine weitere Untersuchung angebracht ist.

Der perfekte Zeitpunkt, um die Sprachentwicklung deines Kindes zu fördern, ist dann, wenn eure Aufmerksamkeit auf dasselbe Objekt oder dieselbe Aktivität gerichtet ist und du über Dinge sprichst, die das Interesse deines Kindes wecken.

Im Kapitel *Sprache ist Bindung* habe ich dir schon erklärt, warum Spielen für die Sprachentwicklung so wichtig ist. Hier gebe ich dir noch mehr Tipps, wie du besonders mit deinem Kind im ersten Lebensjahr ins Spielen kommst. Entdecke gemeinsam mit deinem Kind die Freude am gemeinsamen Spielen und stelle dabei sicher, dass du seine volle Aufmerksamkeit gewinnst. Lass dein Kind die Regie übernehmen und beobachte aufmerksam, wofür es sich besonders interessiert. Auf diese Weise kannst du mühelos in sein Spiel eintauchen und Dinge benennen, die sein Interesse geweckt haben.

Kuckuck-Spiele sind jetzt die perfekte Quelle für gemeinsame Aufmerksamkeit, für Spaß und Lachen. Verstecke deinen Kopf unter einem Seidentuch, einem Schal oder einer Stoffwindel und frage dabei: »Wo ist die Mama/der Papa?« Ziehe dann mit einem übertriebenen »DAAAA« das Tuch von deinem Kopf und lächle dein Kind dabei an. Beobachte die großen Augen deines Kindes und freue dich über das Lächeln. Dieser innige Moment des Kontakts ist kostbar. Nachdem ihr das Spiel mehrmals gespielt habt, könnte dein kleiner Entdecker sogar versuchen, dir das Tuch vom Kopf zu ziehen. Warte dazu kurz und gib deinem Kind Zeit zu reagieren. Weiß es noch nicht, was es tun soll, hilf ihm, zeige es ihm nochmal und ziehe dir selbst das Tuch vom Kopf. Du wirst sehen, wie schnell dein Kind weiß, was zu tun ist.

Für ältere Kinder bietet sich die Möglichkeit, unter dem Tuch lustige Grimassen zu schneiden und sie bei jedem enthüllten Gesicht mit einem neuen, lustigen Ausdruck zu überraschen. Ganz einfach in den Alltag integriert, stärken Kuckuck-Spiele nicht nur eure Bindung, sondern fördern auch die Kommunikationsfähigkeiten deines kleinen Lieblings.

Ein Gespräch zu führen, ist wie ein fröhliches Hin und Her, bei dem Informationen, Geschichten und Erfahrungen geteilt werden, wie bei einem Pingpong-Spiel. Der Ball springt hin und her und genauso kannst du mit deinem Kind ein Gespräch üben. Schnappt euch einen Ball, rolle ihn zu deinem Kind und schaue es dabei erwartungsvoll an. Vielleicht schafft dein Kind es schon, den Ball zu dir zurückzurollen oder zu werfen? Warte dazu ein paar Sekunden und schaue dein Kind mit großen Augen an. Beginnt es, mit den Armen zu wackeln, aufgeregt hin und her zu wippen oder sagt sogar schon »los«? Dann kannst du sofort reagieren und den Ball wieder zu deinem Kind zurückrollen. Falls nicht, übernimm die Initiative und zeige deinem Kind, wie es funktioniert. Begleite euer Spiel mit lustigen Geräuschen wie »hui« oder »wiii«. Für ältere Kinder bietet sich das Spiel mit einem Luftballon oder das gemeinsame Hin- und Herfahren von Spielzeugautos an.

Wenn dein Kind auf einen Gegenstand zeigt und noch kein Wort dafür hat, benenne ihm diesen: »Ah, du möchtest den Löffel haben?« Achte auf die Reaktion deines Kindes, insbesondere wenn es auf laute Geräusche hinweist. Teile seine Entdeckung und sage: »Ja, sieh mal, da oben fliegt das Flugzeug. Das ist laut«, oder: »Wow, das war ein großer Lastwagen.«

Auf dem Spielplatz kannst du die Freude beim Schaukeln mit ganz viel Interaktion verbinden. Anstatt es von hinten anzuschubsen, stelle dich vor dein Kind, damit es dich gut sehen kann. Halte dein Kind sanft an den Füßen fest und schau es erwartungsvoll mit großen Augen und offenem Mund an. Sobald es dich ansieht oder vergnügt quietscht, lasse es los und kommentiere das Spiel mit einem begeisterten »hui« oder »los«. Du kannst sogar einen Countdown einbauen, um die Spannung zu steigern: »Achtung – fertig!« und bei »los«, wenn die Spannung am größten ist, gibst du seine Beine wieder frei. Diese kleinen

Momente schaffen nicht nur schöne Erinnerungen, sondern fördern auch die Sprachentwicklung und die interaktiven Fähigkeiten deines Kindes.

Was du noch tun kannst:

- Halte Gegenstände, über die du sprichst, nahe an deinen Mund, um die Aufmerksamkeit deines Kindes zu fördern und die Chance zu erhöhen, dass es dir in die Augen sieht.
- Für Kinder, die Schwierigkeiten haben, still zu sitzen, schaffe eine strukturierte Umgebung. Nutze Situationen wie den Hochstuhl oder die Badewanne, um mit deinem Kind auf Augenhöhe zu sein. Diese strukturierte Situation unterstützt nicht nur die Interaktion, sondern auch die Aufmerksamkeit und die Konzentration deines Kindes.
- Wenn dein Kind dich ansieht, mache einen freundlichen Gesichtsausdruck mit großen Augen, einem lächelnden Mund und deutlicher Mimik. Durch dieses positive Feedback wird dein Kind ermutigt, dich immer wieder anzusehen und schafft eine tiefe Verbindung zwischen euch.
- Wenn dein Kind auf einen Gegenstand schaut oder darauf zeigt, mache dazu ein lustiges Geräusch. Geräusche sind einfacher nachzuahmen als ganze Wörter, also beginne damit. Falls es eine Puppe in den Händen hält, versuche es mit einem traurigen »wäwäwä« oder »Mama« und siehe dein Kind dabei mit großen, erstaunten Augen an.
- Um die Aufmerksamkeit deines Kindes auf einen bestimmten Gegenstand zu lenken, arbeite vor allem mit Mimik und Gestik. Ein erschrockenes »oh-oh« mit der Hand vor dem Mund oder ein erstauntes »Hör mal« mit dem Zeigefinger nahe bei deinem Gesicht kann dabei wirkungsvoll sein.

- Generell sind Dinge nahe an deinem Gesicht besonders effektiv, da sie die Aufmerksamkeit deines Kindes in die Nähe deiner Augen und auch deines Mundes lenken. Beim Seifenblasenmachen beispielsweise halte den Seifenblasenring immer nah an dein Gesicht und warte, bis dich dein Kind ansieht oder dir zu verstehen gibt, dass du loslegen sollst. Sobald es das tut, puste die Seifenblasen. Falls die Reaktion ausbleibt, könntest du ein aufmunterndes Geräusch wie »ha« (Luftholen) oder ein motivierendes »uuuuund los« machen, um die Aufmerksamkeit deines Kindes auf dich und eure gemeinsame Aktion zu lenken.

Geteilte Aufmerksamkeit ist auch wichtig, damit dein Kind dich genau beobachten und nachmachen kann. Genau, es wird dich imitieren. Was das mit der Sprachentwicklung zu tun hat, erkläre ich dir jetzt.

Imitiere dein Kind

Imitation ist eine der wichtigsten Grundlagen für das Sprechenlernen. Dein Kind lernt die meisten Dinge durch Nachahmung. Wenn ich von Imitation spreche, meine ich, dass dein Kind Gesichtsausdrücke, Gesten, Geräusche oder Wörter einer anderen Person nachmacht. Imitieren ist ein sehr großer Meilenstein. Schon dein Baby ahmt dich vom ersten Tag an nach. Hast du deinem Baby schon einmal die Zunge gezeigt? Während du auf der Couch oder dem Boden sitzt und dich mit dem Rücken anlehnst, stelle deine Beine auf und lege dein Baby auf deine aufgestellten Oberschenkel, sodass es dich gut sehen kann. Dann strecke ihm die Zunge raus, mache dabei große Augen und zähle bis fünf. Warte mindestens fünf Sekunden (eher acht) und dein Baby wird auch dir die Zunge zeigen.

Aber wie kann das sein, dass schon Babys so früh nachahmen können? Wir Menschen werden mit sogenannten Spiegelneuronen geboren. Wir verdanken es Spiegelneuronen, dass wir Dinge nur vom Zusehen lernen. Dein Baby ahmt dich also dank der Spiegelneuronen instinktiv nach und imitiert intuitiv Gesichtsausdrücke oder Geräusche.

Mit der Zeit entwickelt sich auch die Fähigkeit, Bewegungen und Gesten nachzuahmen, wie Winken bei »Tschüss« oder Kuckuck-Spiele. Kinder lernen instinktiv, wie man aus einem Glas trinkt, wie man einen Löffel benutzt und letztendlich auch, wie sie Wörter verwenden können. Ab etwa sechs Monaten beginnt dein Baby, seine Stimme gezielt einzusetzen, um andere zu imitieren. Du wirst bemerken, dass es brabbelt und lustige Geräusche macht. Meine Tochter hat mit etwa neun Monaten immer ganz laut gequietscht, wenn ihr Bruder dasselbe tat. Die zwei führten eine Art quietschenden Dialog. Sehr angenehm für meine Ohren, wie du dir vorstellen kannst. Auch wenn du noch nicht das Gefühl hast, dass dein Baby dich bewusst wahrnimmt, beschäftige dich mit ihm.

Während dein Baby dich aufgrund der Spiegelneuronen imitiert, kannst auch du dein Baby nachmachen. Nein, du sollst es sogar imitieren. Warum? Dein Baby wird sich freuen, denn es bekommt eine positive Rückmeldung von dir und will es natürlich gleich nochmal versuchen. Alles, was Spaß macht, ist motivierend. Forschungen haben gezeigt, dass, je öfter Eltern mit ihrem Baby interagieren, desto stärker die Rückmeldung des Sprachzentrums im kindlichen Gehirn ist.

Bewegungen und Geräusche nachzumachen ist erst der Anfang und führt dein Kind dahin, auch Wörter nachzusprechen.

Dadurch, dass du deinem Kind zeigst, wie du es nachmachst, wird es lernen, auch dich nachzumachen. Dein Kind macht »grrra« und du wiederholst »grrra«. Zuerst wird es dich mit großen Augen ansehen, aber vielleicht wird es dir schon bald mit »grrra« antworten. Ihr führt also den ersten Dialog, ohne überhaupt ein erstes gesprochenes Wort dafür zu brauchen.

So imitierst du dein Kind ganz einfach:

- Wenn dein Baby lacht, dann lächle auch du – und dann? Gleich nochmal.
- Wenn dein Baby gurrt, dann gurre auch du – und dann? Gleich nochmal.
- Wenn dein Baby mit seinen Lippen sprudelt, sprudle auch du – und dann? Gleich nochmal.
- Wenn dein Baby quietscht, quietsche auch du – und dann? Gleich nochmal.

Du kannst alles imitieren, was du bei deinem Kind wahrnimmst. Wenn dein Baby klatscht, klatsche auch du. Wenn dein Baby gähnt, gähne auch du. Wenn dein Baby mit seinen Armen wackelt, wackle auch du. Und dann? Richtig! Gleich nochmal.

Der beste und lustigste Weg, um dein Kind jetzt in seiner Sprachentwicklung zu unterstützen, sind Kinderlieder oder Kinderreime. Am besten finde ich jene, die du mit Handbewegungen begleiten kannst. Singe deinem Kind Lieder vor, die mit Bewegungen noch lustiger sind. Singe bekannte Lieder und denke dir Bewegungen dazu aus. Du wirst sehen, wie schnell sich dein Kind diese Bewegungen merken und auch nachmachen wird. Du bist der Meinung, du kannst nicht singen? Macht nichts. Dein Kind kann gute noch nicht von schlechten Sängern unterscheiden. Willst du dennoch nicht singen, hört euch ganz einfach Lieder an und begleite diese mit Bewegungen.

Um den ersten Geburtstag wird dein Kind beginnen, einfache, bekannte Laute oder Wörter nachzuahmen. Da sie leichter auszusprechen sind, werden zuerst oft Wortähnlichkeiten wie »Ba« für »Ball« oder »Wa« für »Wasser« verwendet. Was würdest du tun? Würdest du dein Kind mit »Ba« imitieren oder mit dem richtigen Wort »Ball«? Richtig, du würdest ihm das korrekte Wort vorsprechen, also »Ball«.

Spricht dein Kind ein Geräusch und du weißt nicht, was es dir damit sagen will, versuche es anhand des Kontextes zu erraten. Mit der Zeit wird dein Kind versuchen immer mehr Wörter nachzuahmen. Mit viel Übung wird es sie auch unabhängig verwenden, also ohne dass du das Wort zuerst gesagt hast. Das Ziel beim Imitieren ist, dass dein Kind ein Wort so oft an dir gesehen und gehört hat, dass es dieses irgendwann ganz unabhängig verwenden wird. Das heißt nicht, dass du dein Kind zum Nachsprechen auffordern sollst. Imitieren soll Spaß machen, dein Kind soll dabei die Freude am Dialog mit dir entdecken. Und es soll auf alle Fälle freiwillig, ganz ohne Druck passieren.

Kinder, die Schwierigkeiten haben, die ersten Wörter zu sprechen, haben oft auch Schwierigkeiten beim Imitieren. Ihnen fällt es nicht leicht, einfache Handlungen oder Geräusche nachzumachen. Für Kinder, die später zu sprechen beginnen, dauert es häufig länger, bis sie imitieren. Sie brauchen mehr Übung. Auch wenn ein Kind mit Schwierigkeiten im Spracherwerb bereits ein Wort spricht, muss dieses oft wiederholt werden, damit es unabhängig verwendet werden kann. Falls du merkst, dass dein Kind dir wenig nachmacht, imitiere es selbst umso mehr.

Mit etwa achtzehn Monaten lernen Kinder, einfache Wörter nachzusprechen. Rasch verstehen sie, wie sie sich Wörter schnell merken und abspeichern können. Das kindliche Vokabellernen funktioniert leider anders als bei uns Erwachsenen. Leider, weil es Kindern viel leichter fällt, die Welt der Sprache für sich zu entdecken und sich neue Wörter zu merken als uns Erwachsenen. Zwischen achtzehn und 24 Monaten gibt es einen riesigen Sprung, was die Anzahl der aktiv gesprochenen Wörter betrifft.

Das kannst du tun, um dein Kind beim Imitieren zu unterstützen:

Der erste Schritt ist, es selbst zu imitieren. Dafür habe ich dir schon ein paar Beispiele gegeben. Bevor dein Kind jedoch Geräusche nachahmen kann, wird es erst einmal Bewegungen und Handlungen nachmachen. Beginne also mit seinen Handlungen. Wenn dein Kind mit einem Löffel auf den Tisch klopft, klopfe auch du mit einem Löffel auf den Tisch und begleite deine Handlung immer sprachlich, zum Beispiel mit »klopf, klopf, klopf«. Wenn dein Kind mit seinen Händen Wasser spritzt, platsche auch du mit deiner Hand ins Wasser und lasse das Wasser spritzen. Erweitere deine Handlung wieder sprachlich mit »platsch, platsch, platsch«. Je näher dein Kind seinem ersten Geburtstag kommt, desto mehr wird es alltägliche Dinge, die es bei dir sieht, nachahmen. Klatscht gemeinsam in die Hände oder winkt Opa beim Verabschieden.

Wenn dein Kind Geräusche produziert, beobachte es in seinem Spiel. Wenn dein Kind so etwas wie »ahhh« sagt, imitiere dieses Geräusch. Dein Kind lernt somit, die ersten Dialoge zu führen, und reagiert vielleicht auch schon auf deine Imitation.

Starte also mit Geräuschen oder Handlungen, die dein Kind bereits macht. Wenn dein Kind bereits in seine Hände klatschen kann, klatsche auch du in deine Hände. Schaue dein Kind mit interessiertem Gesicht und großen Augen an und warte, ob es auf dein Klatschen reagiert. Wenn du weißt, dass dein Kind bereits »m« sagen kann, weil du es schon im Spiel »ma-ma-ma« hast sagen hören, kannst du zum Beispiel beim Abendessen übertrieben »mhhhh« sagen und dir den Bauch dabei reiben. Beobachte, ob dein Kind ebenfalls dieses Geräusch imitiert, da es diesen Laut bereits produzieren kann. Verbinde also Geräusche und Bewegungen. Ab jetzt bekommt jede Handlung oder jede Aktivität ein lustiges Geräusch von dir. Wenn du mit einem Hammer klopfst, sprich dazu »bum, bum, bum«. Wenn du mit einem Spielzeugauto fährst, mache »brm«. Wenn du dein Kind hochhebst, begleite die Bewegung mit einem »horuck«. Wenn du Seifenblasen zerplatzen lässt, sprich »t-t-t« dazu.

Wenn du ein Geräusch oder eine Handlung deines Kindes nachahmst, verwende aktive Pausen. Sage oder wiederhole ein Geräusch oder eine Handlung deines Kindes und sieh es mit großen Augen und einem freundlichen Gesicht an. Du kannst dazu auch fragende Hände machen. Nun wartest du. Dies kann sich etwas unnatürlich anfühlen. Warte länger, als du es mit einem erfahrenen Gesprächspartner tun würdest. Falls es dir hilft, kannst du im Kopf auch bis fünf zählen. Große Augen, lachender, offener Mund, fragende Hände. Dein Gesichtsausdruck soll sagen: »Okay, du bist jetzt dran! Ich gebe dir Zeit und warte, jetzt soll etwas von dir kommen.«

Warum sind diese aktiven Pausen so wichtig? So gibst du deinem Kind Zeit zu überlegen, was es tun oder sagen kann. Du gibst deinem Kind Zeit, um auf Gesagtes zu antworten. Gleichzeitig zeigst du ihm auch, dass du auf Interaktion oder eine Antwort wartest.

Während du dein Kind in einem Karton durch eure Wohnung schiebst, kannst du euer Spiel mit Motorengeräuschen begleiten »mhhhhhh«. Immer wenn du es anschiebst, machst du »mhhh«. Beim nächsten Mal hältst du kurz inne und wartest. Beobachte, ob dein Kind auf deine aktive Pause reagiert. Vielleicht macht es von sich aus dieses Geräusch, um dir zu zeigen, dass es weiterspielen möchte; oder es wippt aufgeregt; oder es sucht den Blickkontakt zu dir. Sobald dein Kind dir ein Zeichen gibt, reagiere und schiebe euren Karton an. Wenn dein Kind noch nicht reagiert, antworte du für dein Kind. Lass dich nicht entmutigen und versuche es immer und immer wieder.

Auch bei Kinderreimen oder Kinderliedern kannst du aktive Pausen einsetzen. Singe »Alle meine Entchen, schwimmen auf dem …«, aktive Pause. Lasse dein Kind das letzte Wort oder bestimmte Bewegungen ergänzen. Singe zum Beispiel »Hänschen klein«. An der Stelle, wenn Mutti weint, kannst du kurz innehalten und abwarten, ob dein Kind dabei mit den Händchen über seine Augen reibt, als ob es weinen würde. Tut es dies nicht, zeige ihm die Bewegung einfach beim Weitersingen nochmal.

Begib dich auf Augenhöhe und sieh dein Kind an. Kennst du das? Jemand spricht mit dir, dreht sich aber in eine andere Richtung und du kannst ihn nicht verstehen? Oder kannst du dich noch erinnern, als wir während der Covid-Pandemie alle Masken tragen mussten? Mir ist es so schwergefallen, Menschen zu verstehen, ohne ihr Mundbild zu sehen. Dein Kind soll also deinen Mund sehen können und das geht am besten auf Augenhöhe. Kannst du dich noch an die Spiegelneuronen erinnern? Wenn dein Kind deinen Mund ganz nah sieht, beginnen diese

Spiegelneuronen wie wild zu arbeiten. Die Spiegelneuronen leiten deinem Kind weiter, wie es seinen Mund oder Körper bewegen kann, um dich nachzumachen.

Wiederhole Handlungen und Geräusche. Dein Kind reagiert einfach nicht? Du klopfst mit dem Löffel auf die Schüssel, immer und immer wieder, und dein Schatz ahmt dich einfach nicht nach? Die goldene Regel heißt: Doppelt gemoppelt! Zeige oder sage es deinem Kind nochmal. Imitiert es dich nicht oder wiederholt es dich nicht, mache einfach weiter. Das heißt: Du sagst zu deinem Kind »Hund« und machst eine aktive Pause. Wenn dein Kind nicht reagiert, wiederhole »Hund«. Zähle in deinem Kopf bis fünf, und wenn dein Kind dich nicht imitiert, streichle den Hund.

Mache lustige Grimassen im Spiegel. Kinder lieben es, sich im Spiegel zu betrachten. Sie beobachten ganz genau ihr Gesicht, ihre Gestik und ihre Mimik. Doch noch viel lustiger finden sie es, dich im Spiegel zu betrachten. Mache dazu eine lustige Grimasse und gleich danach eine aktive Pause. Weißt du noch? Große Augen, freundliches Gesicht, offener Mund, im Kopf bis fünf zählen. Imitiert dein Kind dein lustiges Gesicht? Gleichzeitig kann dein Kind im Spiegel besonders gut Laute üben, die man sehen kann. Zum Beispiel Laute mit einem weit offenen Mund wie A, einer extremen Zungenbewegung wie L oder einer extremen Lippenbewegung wie U. Mache das, was euch Spaß macht und dein Kind zum Lachen bringt.

Der perfekte Zeitpunkt, um imitieren zu üben, ist beim Vorlesen. Suche das Lieblingsbuch deines Kindes. Anfangs sind Bücher mit einzelnen Bildern perfekt. Tierbücher eignen sich besonders gut. Siehst du auf einer Seite einen Affen, kannst du einen Arm unter deine Achsel geben, die andere Hand kommt auf deinen Kopf und nun kannst du das typische Affengeräusch machen. Ist auf einer Seite ein Auto abgebildet, sprich »brm« dazu. Ist ein Zug abgebildet, kannst du so tun, als würdest du an einer imaginären Schnur ziehen und »tschu-tschu« machen. Dein Kind mag noch keine Bücher? Kein Problem. Ich erkläre dir im Kapitel *Medien*, wie dein Kind ein richtiger Bücherwurm wird.

Zeigen

Neben dem Imitieren ist das Zeigen eine wichtige Vorläuferfähigkeit des Sprechens. Dein Kind wird im Alter von etwa neun Monaten, weit vor den ersten gesprochenen Wörtern, beginnen, auf Objekte oder Personen zu zeigen. Warum tut es das? Indem es auf etwas zeigt, tritt es mit dir in Kontakt. Es weist dich auf einen interessanten Gegenstand hin oder möchte dir zeigen, woran es gerade interessiert ist. Zeigen ermöglicht deinem Kind, mit dir zu kommunizieren, noch bevor es spricht. Gleichzeitig möchte es aber auch hören, worauf es zeigt, um das Wort leichter abzuspeichern.

Indem du deinem Kind viel zeigst und gleichzeitig benennst, fällt es ihm leichter, Gesagtes mit einem Gegenstand oder einer Person zu verknüpfen und abzuspeichern. Eine Studie konnte zeigen, dass Kinder Wörter besser abspeichern konnten, wenn ihnen ein Gegenstand gezeigt und dabei auch gleichzeitig benannt wurde. Du erinnerst dich: Nur wenn ein Kind ein Wort verstanden und abgespeichert hat, kann es dieses auch aktiv sprechen. Forschungsergebnisse haben gezeigt, dass Kinder, die mehrmals auf ein bestimmtes Objekt zeigen, dieses Wort etwa drei Monate später auch sprechen.

Mit etwa achtzehn Monaten wird dein Kind beginnen, auf einen Gegenstand zu zeigen und ihn zu benennen. Zuerst wird es die Geste und das Wort gemeinsam verwenden. Das heißt, dein Kind sagt jenes Wort, mit dem der Gegenstand bezeichnet wird, auf den auch seine Hand oder seine Finger zeigen. Dein Kind zeigt zum Beispiel auf die Flasche und sagt »Wasser« oder es zeigt auf seine Nase und sagt »Nase«. Je weiter seine Sprachentwicklung voranschreitet, desto differenzierter wird es nun auch seine Wörter verwenden. Dein Kind wird nun auf einen Gegenstand oder eine Person zeigen, diese Zeigegeste allerdings um ein anderes Wort erweitern. Das heißt, dein Kind verbindet nun sein Zeigen mit einem Wort, um dir zwei unterschiedliche Gedanken mitzuteilen. Es zeigt zum Beispiel auf Essen, das vom Tisch gefallen ist und sagt »weg«, oder es zeigt auf seine Schuhe und sagt »an«, weil es dir mitteilen will, dass es seine Schuhe anziehen möchte. Durch diese ergänzende Geste kann dein Kind komplexere Gedanken ausdrücken, noch bevor es seine ersten Worte spricht.

Hier zeige ich dir noch einmal den Unterschied: Zuerst zeigt dein Kind auf die Tür und sagt »Tür«. Wort und Geste werden für den gleichen Gegenstand verwendet. Etwas später zeigt dein Kind auf die Tür und sagt »auf«. In diesem Fall, weil seine Gedanken komplexer werden und es dir mitteilen will, dass du die Tür öffnen sollst. Dein Kind zeigt auf ein Buch und sagt »Buch«. Etwas später zeigt es auf ein Buch und sagt »lesen«, weil es möchte, dass du mit ihm das Buch anschaust. Dein Kind legt die Hand auf seine Brust und sagt »mein«. Später wird dein Kind die Hand auf seine Brust legen und »Ball« sagen, um dir mitzuteilen, dass es sein Ball ist. Dein Kind zeigt dir eine Puppe und sagt »Baby«. Auch hier werden Wort und Geste für den gleichen Gegenstand verwendet. Später zeigt dir dein Kind eine Puppe und sagt »schlafen«, weil es dir mitteilen will, dass die Puppe jetzt müde ist und schlafen muss. Auf dem Spielplatz hat dein Kind die Rutsche entdeckt. Es zeigt auf die Rutsche und sagt »Rutsche«. Etwas später zeigt es noch auf die Eingangstür und sagt »Henry rutschen«, weil es dir zeigen will, dass es auf dem Spielplatz rutschen möchte.

Das kannst du tun, um mit deinem Kind zeigen zu üben:

- Präsentiere deinem Kind einen Gegenstand. Halte ihn in deiner Hand und benenne ihn gleichzeitig. Du kannst ihn auch nahe an dein Gesicht halten, damit dein Kind deinen Mund besser sieht.
- Zeige mit deinem Finger auf einen Gegenstand oder auf eine Person und benenne sie auch hier gleichzeitig. Zum Beispiel kannst du auf deine Nase zeigen und gleichzeitig »Nase« sagen. Oder du zeigst auf ein Spielzeugauto und sagst »Auto«.
- Zeige auf Dinge, die für euch gerade nicht erreichbar sind und benenne sie gleichzeitig. Zeige mit dem Zeigefinger auf das Flugzeug am Himmel und sage »Flugzeug«. Wiederhole das Wort mehrmals.
- Gleichzeitig kannst du auch auf einen Gegenstand zeigen und ihn um ein neues Wort erweitern. Zeige zum Beispiel auf einen Hund und sage »schlafen«, damit du deinem Kind mitteilst, dass dieser Hund gerade schläft. Oder zeige auf eine Banane und frage dein Kind »essen?«, um es zu fragen, ob es diese gerade essen möchte.
- Benenne gleichzeitig auch Dinge, auf die dein Kind zeigt. Wenn dein Kind auf sein Lieblingsspielzeug zeigt, antworte

mit »das Auto«, »der Ball« oder »die Puppe«. Dein Kind wird in einer Phase bestimmt intensiv zeigen, um von dir zu hören, was du zu sagen hast. Intuitiv will es ein Wort immer und immer wieder hören, um es abzuspeichern.

- Zeigt dein Kind auch manchmal, und du weißt nicht, worauf es zeigt oder was es meint? Versuche, anhand des Kontextes oder seiner Interessen herauszufinden, worauf es deutet. Frage nach: »Meinst du den Bagger?«, oder: »Möchtest du die Gurke oder Birne?« So bietest du deinem Kind viele neue Wörter an, und es lernt auch hier wieder, den Gegenstand mit dem Gesagten zu verknüpfen.

Gesten

Dein Kind lernt Gesten vor den ersten gesprochenen Wörtern. Du kennst das Wort »Geste« wahrscheinlich, fragst dich jetzt aber bestimmt, was denn Gesten im Zusammenhang mit dem Sprechenlernen eigentlich bedeuten. Bekannte erste Gesten sind meistens Winken oder Klatschen. Auch den Kopf abwenden, wenn dein Kind etwas ablehnt, zum Beispiel ein Nahrungsmittel oder dir einen Gegenstand zu geben, zählen zu den ersten Gesten. Unter Gesten versteht man Bewegungen des Körpers, die eine Idee oder ein Bedürfnis ausdrücken sollen.

Dein Kind greift vielleicht schon nach einem Gegenstand oder macht die »Gib mir«-Finger. Streckt dein Kind die Arme zu dir hoch, ist dies eine Geste, die dir zeigt, dass es auf den Arm genommen werden möchte. Mit gestrecktem Arm möchte dich dein Kind auf einen Gegenstand oder ein Ereignis aufmerksam machen. Oder es nimmt deinen Arm und führt dich zu einem bestimmten Ding oder Ort, um dir dort etwas zu zeigen oder mitzuteilen. Zum Beispiel könnte dein Kind deinen Arm nehmen und dich zum Kühlschrank ziehen, um dir zu zeigen, dass es Hunger hat. Es könnte auch deine Hand zu einer Dose führen, weil es möchte, dass du sie öffnest.

Kinder verwenden die ersten Gesten mit etwa neun Monaten, manche Kinder sogar noch früher. Die Forschung hat gezeigt, dass Babys etwa zwei neue Gesten pro Monat lernen. Obwohl Gesten stark von der jeweiligen Familie und natürlich der jeweiligen Kultur abhängen, sollte ein Kind mit sechzehn Monaten etwa sechzehn verschiedene Gesten verwenden. Hier habe ich dir eine kleine Gesten-Checkliste mit den Basics zusammengestellt:

Dein Kind …

- wendet den Kopf ab (wenn es etwas ablehnt).
- schiebt etwas von sich weg (als Ablehnung).
- streckt dir einen Gegenstand entgegen.
- streckt den Arm aus, wenn es etwas möchte.
- öffnet und schließt die Finger, als Zeichen von »Gib mir …«
- streckt die Arme hoch, um hochgehoben zu werden.
- schmatzt mit den Lippen, wenn es etwas zu essen möchte oder ihm etwas schmeckt.
- winkt Hallo und Tschüss.
- schickt Küsschen.
- reibt sich den Bauch, dafür, dass etwas gut schmeckt.
- gibt High five.
- hält den Finger vor die Lippen, als Zeichen, um leise zu sein.
- klatscht.
- schüttelt den Kopf für »Nein«.

- nickt für »Ja«.
- zeigt fragende Hände, wenn es etwas nicht weiß.

Gesten sind ein großartiges Kommunikationsmittel. Sie ermöglichen uns, auf so vielen Wegen zu kommunizieren, ohne gesprochene Sprache dafür zu verwenden. Stattdessen können wir mit dem gesamten Körper kommunizieren. Dein Kind wird Gesten weit vor den ersten gesprochenen Wörtern verwenden und meistens auch noch lange zusätzlich zu diesen. Gesten sind Brücken zur gesprochenen Sprache.

Die Forschung zeigt, dass Gesten sehr eng mit Worten verknüpft sind. Ob dein Kind Gesten verwendet oder nicht, kann viel über den weiteren Verlauf seiner Sprachentwicklung vorhersagen. Außerdem helfen uns Gesten zu erkennen, ob ein Kind ein erhöhtes Risiko für eine Sprachentwicklungsverzögerung hat. Aus den Gesten eines achtzehn Monate alten Kindes kann geschlossen werden, wie viele Wörter es im Vorschulalter sprechen wird und wie komplex seine Satzbildung sein wird.

Was hat das alles mit dir zu tun? Du kannst nicht erwarten, dass dein Kind Gesten verwendet, ohne ihm diese vorher gezeigt zu haben. Eine Studie zeigt, dass Eltern, die regelmäßig viele Gesten verwenden, auch Kinder haben, die viel über Gesten kommunizieren, verglichen mit Eltern, die weniger Gesten nutzen. Nutzt du viele Gesten, wird dein Kind leichter neue Wörter lernen, da es sie mit einem Gegenstand in Verbindung bringt. Gleichzeitig konnte diese Untersuchung zeigen, dass jene Kinder, die sich früh mit Gesten ausdrücken konnten, im Vorschulalter einen differenzierteren Wortschatz zeigten, verglichen mit ihren Altersgenossen.

Auch wenn dein Kind schon viele einzelne Wörter spricht, wollen wir es trotzdem ermutigen, noch mehr Gesten zu verwenden. Dadurch kann es noch vor den ersten gesprochenen Sätzen bereits Mehrwortsätze bilden und dir komplexere Gedanken und Ideen mitteilen. Gleichzeitig können Gesten deinem Kind auch dabei helfen, besser verstanden zu werden und Missverständnisse aufzuklären. Auch wir Erwachsene verwenden Gesten, um jemand anderem etwas zu erklären, was dieser nicht auf Anhieb verstanden hat.

So kannst du Gesten bei deinem Kind fördern:

Verwende Gesten von Anfang an. Ich habe bei meinen Kindern etwa mit vier Monaten damit begonnen. Mache dir dabei aber auch keinen Stress und finde einen für euch passenden Zeitpunkt.

Verwende Gesten so oft es geht in eurem Alltag. Winke Tante Gundula oder dem Opa zu und sage »Hallo« oder »Tschüss«. Schicke deinem Kind Küsschen und sage »Gute Nacht«, wenn du es zu Bett bringst, oder klatsche Beifall, nachdem ihr gemeinsam ein Lied gesungen habt, und rufe »Bravo«.

Verwende übertriebene Gesten. Breite deine Arme weit aus, um deinem Kind von dem großen Hund zu erzählen. Reibe deine Hände an deinen Oberarmen und zittere, um deinem Kind zu zeigen, dass das Eis kalt ist.

Spiele dabei mit deiner Stimme. Wenn du von dem großen Hund erzählst, verändere deine Stimme, um deiner Geste noch mehr Ausdruck zu verleihen. Lass auch deine Stimme zittern, wenn du vom kalten Eis erzählst.

Verwende Gesten, die die Form oder Funktion eines Gegenstandes oder einer Handlung haben. Puste in einen unsichtbaren Ring, wenn du deinem Kind von Seifenblasen erzählst, oder wackle mit deinen Armen, wenn dein Kind auf einen Vogel zeigt: »Da fliegt der Vogel.« Forme die Hände zu einem Kreis, wenn du den Ball deines Kindes suchst: »Ball, wo ist dein Ball?«

Diese Gesten kannst du verwenden:

- Forme die Hände zu einem Kreis und sage »Ball«.
- Ziehe an einer imaginären Schnur eines Zuges und sage »tschu tschu«.
- Hechle wie ein Hund.
- Spiele eine unsichtbare Gitarre.
- Drücke die imaginären Tasten eines Klaviers.
- Trommle in der Luft.
- Führe deine Hand zu deinem Mund, als ob du etwas essen würdest.
- Falte deine Hände an deinem Gesicht und wünsche eine gute Nacht.
- Reibe deine Hände wie beim Händewaschen aneinander.
- Wirf einen imaginären Ball.
- Winke mit deiner Hand und sage »komm her«.
- Zeige in die Ferne für »geh«.
- Blase imaginäre Seifenblasen in die Luft.
- Drehe deinen Finger und sage »drehen«.
- Wackle mit deinem Körper wie beim Tanzen.
- Wische ein imaginäres Fenster.
- Schnüffle mit deiner Nase in der Luft, um etwas zu riechen.
- Halte deine Hand an ein Ohr, um zu hören.

- Mache fragende Hände, während du »wo?« fragst oder »Ich weiß es nicht!« sagst.
- Schüttle deine Hand, als ob du dich verbrennst, wenn du deinem Kind »heiß« sagst.
- Reibe deine Oberarme, zittere und sage »kalt«.
- Breite deine Arme aus, um deinem Kind zu zeigen, dass etwas groß ist.
- Zeige mit deinem Daumen und deinem Zeigefinger, dass etwas ganz klein ist.
- Wackle mit deiner Hand vor der Nase, wenn etwas stinkt.
- Halte deinen Zeigefinger an den Mund, um zu zeigen, dass dein Kind leise sein soll.

Verwende die Geste und das Wort zur gleichen Zeit, um seine Bedeutung zu verstärken und dein Kind zu unterstützen, diese Informationen leichter miteinander zu verknüpfen.

Verwendet dein Kind eine Geste, imitiere es, mache ebenfalls diese Geste und ergänze sie durch das entsprechende Wort.

Interpretiere die Gesten deines Kindes. Wenn dein Kind zum Beispiel seinen Kopf von einem Teller wegdreht, kannst du diese Geste mit »Nein, danke« und einem energischen Kopfschütteln erweitern.

Einer meiner liebsten und lustigsten Wege, ein Kind zu Gesten zu animieren, sind **Kinderreime oder Kinderlieder.** Zeige deinem Kind während des Singens oder Sprechens die passenden Handbewegungen.

Gebärden

Gesten, Gebärden? Ist das nicht das Gleiche? Gesten und Gebärden sind sich sehr ähnlich, wenn nicht sogar wirklich gleich. Der einzige Grund, warum ich diese beiden Themen teile, ist die mir häufig gestellte Frage: Soll ich mit meinem Kind Baby-Gebärdensprache verwenden?

Gehörlose oder schwerhörige Menschen nutzen Gebärdensprachen zur Kommunikation mittels Gestik und Mimik. Man geht davon aus, dass es weltweit mehr als 137 verschiedene Gebärdensprachen gibt, die aus sprachwissenschaftlicher Sicht als eigenständige Sprachen eingestuft werden. Wörter der Gebärdensprache können zu ganzen Sätzen zusammengefügt werden und haben sogar ihre eigene Grammatik.

Warum solltest du mit deinem Kind Gebärden lernen? Braucht dein Kind Gebärden, um sprechen zu lernen? Nein. Es gibt viele Studien zu diesem Thema, doch keine ist wirklich aussagekräftig genug, um zu belegen, dass Babygebärden einen positiven Effekt auf die Sprachentwicklung haben. Allerdings gibt es Hinweise darauf, dass Eltern besser und schneller auf die Bedürfnisse ihres Kindes reagieren können, wenn bestimmte Gebärden genutzt wurden. Wenn dein Baby seine Hand zu seinem Mund führt, kannst du wahrscheinlich schneller erkennen, dass es Hunger hat, als wenn es diese Gebärde nicht nutzen würde. Verwendest du Gebärden, während du mit deinem Baby sprichst, kann dein Kind deine Botschaft leichter verstehen.

In Gebärdenkursen für Babys werden dir bestimmte Gesten der deutschen Gebärdensprache beigebracht. Du kannst sie aber auch aus Büchern lernen. Eine Empfehlung findest du im Anhang. Du wählst, welche Gebärden am besten zu dir und deiner Familie passen.

Mythencheck

Mein Kind fängt später an zu sprechen, da ich Gebärden mit ihm verwende.

Nein. Da dein Kind sich dir früher und schneller mitteilen kann, können Gebärden helfen, Kommunikationsfrust zu vermeiden. Kinder, die mit Gebärden aufwachsen, zeigen oft schon ein frühes Verständnis für Kommunikation. Gebärden stellen eine Verbindung zwischen Gesten und Wörtern her. Sie lenken den Fokus auf die nicht sprachlichen Fähigkeiten deines Kindes und stärken eure Bindung. Babygebärden sollen aber nicht als Ersatz für sprachliche Interaktion angesehen werden, sondern als Ergänzung.

Babygebärden und Gebärdensprache sind das Gleiche.

Nein. Babygebärden verwenden lediglich einige Zeichen aus der Gebärdensprache, jedoch werden keine Sätze gebildet oder Grammatik verwendet.

Babygebärden kann ich nur mit meinem Baby verwenden.

Nein. Babygebärden eignen sich natürlich auch für Babys und kleine Kinder, sind aber auch absolut großartig für Kinder, die Schwierigkeiten haben, sprechen zu lernen oder zu wenige oder keine Wörter verwenden.

Ich habe mit meiner Tochter im Alter von sechs Monaten einen Babygebärdenkurs besucht. Bei meinem Sohn war ich mit Babyschwimmen und anderen Babygruppen beschäftigt und habe die Gelegenheit verpasst, mich an Gebärden auszuprobieren. Ich war natürlich sowohl als Logopädin als auch als Mutter sehr neugierig zu sehen, ob Gebärden denn wirklich funktionieren. Ich habe mich schon immer dafür interessiert und wollte mir selbst eine Meinung bilden. Ich fand dieses Alter von einem halben Jahr für uns sehr passend. Allerdings bin ich auch zu dem Schluss gekommen, dass es nie zu spät ist, um mit Gebärden zu beginnen. Vor allem bei Kindern, die Schwierigkeiten beim Sprechenlernen haben, lege ich Eltern Gebärden immer sehr ans Herz. Ich finde, es kann nur unterstützend sein, einem Kind einen anderen Weg der Kommunikation zu vermitteln, wenn es mit dem Sprechen noch nicht klappen will.

Unsere Kursleiterin, zufällig ebenfalls Logopädin, war einfach großartig und wir tauschten uns viel über unsere Erfahrungen aus. Ich lernte die ersten alltagsrelevanten Gesten und gleich ein Lied, das wir bis zur letzten Stunde immer wieder sangen und gebärdeten. Ich bemühte mich, viele der erlernten Gebärden in unseren Alltag einzubauen. Ich habe also immer die Gebärde für »hoch« oder »hochnehmen« verwendet, bevor ich meine Tochter vom Boden aufhob oder aus dem Hochstuhl nahm. Dazu öffnet man die Handflächen nach oben und schließt die Finger zweimal.

Rückblickend betrachtet hat auch sie diese Geste sehr schnell übernommen, wenn sie hochgenommen werden wollte. Auch auf das Wickeln konnte ich sie nun gut vorbereiten, denn immer, wenn es an der Zeit war, ihre Windel zu wechseln, gebärdete ich »Windel wechseln« oder »wickeln«. So wusste sie, was sie erwartet, und war gut auf diese Situation vorbereitet.

Ich hatte das Gefühl, dass sie durch die ankündigenden Gebärden Sicherheit verspürte, denn sie wusste, welcher Schritt nun als nächster kam. In diesem ersten Punkt denke ich, kann schon das erste Hindernis liegen, wenn man Gebärden verwenden will: Regelmäßigkeit. Wie du bereits weißt, brauchen Kinder viele Wiederholungen, um Dinge zu lernen. Dies gilt natürlich auch für Gebärden. Je mehr und je regelmäßiger du Gebärden verwendest, desto eher wird dein Kind sie verstehen und ebenfalls verwenden. Doch auch wenn du wirklich konstant und konsequent bist, gibt es keine Garantie, dass auch dein Kind Gebärden verwenden wird. Oft dauert es Monate, bis Kinder gebärden. Manche gebärden auch gar nicht. Lass dich dadurch nicht entmutigen oder verunsichern, denn du hast schöne Momente geschaffen, um mit deinem Kind in Kontakt zu treten. Meine Tochter verwendete recht wenig Gebärden, doch die ausgewählten waren für unseren Alltag sehr erleichternd. Die Lieblingsgebärde von ihr war »noch« oder »nochmal«. Dies half mir enorm, denn so wusste ich, dass sie zum Beispiel noch mehr Essen haben wollte oder eine Aktion, die ihr gefiel, noch einmal erleben wollte. Auch die Gebärde für »baden« nutzte sie regelmäßig.

Ich finde Babygebärden absolut großartig. Für mich überwiegen klar die Vorteile, vor allem, weil du so die Bindung zu deinem Kind stärken und mit ihm in Kontakt treten kannst. Gleichzeitig will ich niemandem Druck machen. Dein Kind wird auch ohne Gebärden sprechen lernen. Ich weiß auch, dass Babygebärdenkurse ein finanzielles Thema sind. Sie haben den Vorteil, dass eine Kursleiterin oder ein Kursleiter dir klare Anweisungen gibt und bereits die wichtigsten Gebärden für dich ausgesucht hat. Du lernst andere Eltern kennen und ihr könnt euch über eure Erfahrungen austauschen. Jedoch gibt es neben Kursen auch Bücher und Webseiten, wo du dir Informationen suchen kannst. Einige findest du im Anhang.

Gebärden interessieren dich, aber du weißt nicht, wo du anfangen sollst? Hier habe ich die häufigsten Fragen zu Gebärden zusammengetragen, die dir beim Einstieg helfen können.

Welche Gebärden soll ich mit meinem Kind nutzen? Nutze Gebärden, die für dein Kind und dich alltagsrelevant sind. Beobachte, welche Tätigkeiten oder Dinge ihr oft in eurem Alltag braucht. Oft ist es ein Ausprobieren. Wenn du merkst, dass eine Gebärde nicht zu euch passt, wähle einfach eine andere. Verwende Wörter, die im Wortschatz anderer Kleinkinder häufig vorkommen.

Wie führe ich eine neue Gebärde ein?

1. Versuche, die Aufmerksamkeit deines Babys zu bekommen. Sage seinen Namen oder berühre es sanft am Arm.
2. Sobald du seine Aufmerksamkeit hast, mache die Gebärde und sprich gleichzeitig das Wort dazu. Zum Beispiel machst du die Gebärde für »hoch« und sagst gleichzeitig »hoch, ich nehme dich hoch«.
3. Warte drei Sekunden und sieh dein Kind dabei erwartungsvoll an.
4. Du kannst die Gebärde noch einmal wiederholen, um zu sehen, ob dein Kind sie imitiert. Falls nicht, führe einfach die Gebärde aus.

Wie viele Gebärden soll ich gleichzeitig einführen? Verwende erst einmal zwei bis drei Gebärden, die du regelmäßig und konsequent verwendest. Es ist gar nicht so einfach, immer an die Gebärde zu denken. Klebe dir Erinnerungspunkte in eurer Wohnung oder eurem Haus auf, zum Beispiel am Wickeltisch, wenn du die Gebärde für »wickeln« einführen möchtest. Wenn du sie sicher anwenden kannst, erweitere deinen und den Wortschatz deines Kindes um ein bis zwei weitere.

Was mache ich, wenn mein Baby falsch gebärdet? Dein Baby wird nicht von Anfang an die korrekte Gebärde verwenden. Das macht überhaupt nichts. Viel wichtiger ist, dass dein Kind mit dir kommunizieren möchte. Manchmal braucht es auch ein paar Anläufe, bis du verstanden hast, dass dein Baby gerade gebärdet.

Wann sollte ich aufhören, Babygebärden zu verwenden? Du wirst merken, dass dein Kind Gebärden parallel zu den ersten gesprochenen Wörtern verwenden wird. Doch die gesprochenen Wörter werden bald die Gebärden ersetzen.

Die ersten Geräusche deines Babys

Nachdem wir nun viel über nonverbale Kommunikation gesprochen haben, kommen wir zurück zu den Geräuschen. Babys sagen nicht von einer auf die andere Sekunde ein Wort. Dafür braucht es viel Übung, und die bekommen sie durch das Brabbeln.

Bevor dein Kind zu den ersten Wörtern kommt, braucht es viel Übung. Es wacht nicht eines Morgens auf und sagt: »Könnte ich bitte den grünen Traktor mit der Schaufel vorne haben.« Dein Baby muss erst einmal herausfinden, aus welchen Geräuschen ein Wort besteht. Zuerst wird es versuchen, Gurr- und Gurgelgeräusche zu produzieren. Sie werden hinten im Hals gebildet. Dein Kind kann diese Geräusche durch die Vibration gut spüren. Es muss lernen und abspeichern, wo Geräusche gebildet und vor allem wie diese gebildet werden.

Mit etwa sechs Monaten beginnt es zu quietschen, schreien, knurren, prusten und auch die ersten Silben-Kombinationen wie »da« zu bilden. Schafft dein Baby diese ersten Silben-Kombinationen, wird es schnell entdecken, dass es diese zu Silbenketten zusammenhängen und immer wieder wiederholen kann. Du hörst jetzt wahrscheinlich öfter Silbenketten wie »da-da-da« oder »ba-ba-ba«.

Um den ersten Geburtstag wird dein Kind sein Brabbeln variieren. Das heißt, es wird verschiedene Konsonanten und Vokale aneinanderhängen, wie »ga-da-ma-da«. Manche Kinder beginnen in dieser Phase, eine Art Fantasiesprache zu entwickeln. Sie sprechen wie wir Erwachsenen, allerdings hat es keine Bedeutung, und wir können es auch nicht verstehen. Erst durch viele Übungen und Sicherheit kann es diese Geräusche korrekt zu einem Wort zusammenhängen. Zwischen zehn und zwölf Monaten hörst du außerdem Abkürzungen wie zum Beispiel »Wawa« für »Wasser«.

Brabbeln beginnt zwar schon früher, erreicht aber seinen Höhepunkt zwischen neun und zwölf Monaten. Wenn dein Baby mit zehn Monaten noch keine Konsonanten beim Brabbeln verwendet, sprich mit deinem Kinderarzt oder deiner Kinderärztin und vereinbare einen Termin für einen Hörtest, auch wenn du denkst, dass dein Kind gut hört und das Neugeborenen-Screening unauffällig war. Manchmal können Kinder Flüssigkeit im Ohr haben, ohne Anzeichen einer Mittelohrentzündung zu zeigen, was zu einer Hörminderung führen kann. Dein Baby kann dich dann zwar hören, verpasst aber die Feinheiten einzelner Laute, was ihm das Imitieren erschwert.

Hier kommen sechs Tipps, wie du dein Kind beim Brabbeln unterstützen kannst.

1. Begib dich auf Augenhöhe, damit dein Baby deinen Mund sieht.
2. Brabbel mit deinem Baby. Das fühlt sich wahrscheinlich komisch an, aber Babys lernen durch Imitation.
3. Mache eine Pause für etwa fünf bis zehn Sekunden und lächle dein Baby dabei erwartungsvoll an, um eine Reaktion zu bekommen.
4. Verwende Babysprache, das heißt eine höhere Stimmlage, mit mehr Singsang und längeren Pausen. Wörter und Sätze sollen dabei korrekt gesprochen werden.
5. Lass dein Baby deinen Mund fühlen, so kann es auch spüren, wie die Laute produziert werden.
6. Sobald dein Baby ein Geräusch macht, zeige Interesse. So weiß dein Baby, dass es deine Aufmerksamkeit hat, und ist motiviert, es gleich noch einmal zu tun.

4

Dein Kind im zweiten Lebensjahr

Forscher und Forscherinnen haben versucht herauszufinden, wie Sprache entsteht. Sie konnten dabei beobachten, dass die Anzahl der Wörter, die dein Kind in den ersten Lebensjahren hört, jene beeinflusst, die es insgesamt spricht. In diesem Kapitel möchte ich dir zeigen, wie du dein Kind dabei unterstützen kannst, die ersten Wörter zu sprechen. Dabei will ich dir auch den Druck nehmen, selbst den ganzen Tag zu sprechen. Denn es geht viel einfacher.

Was du über die ersten Wörter wissen solltest

Typischerweise sprechen Kinder die ersten Worte zwischen dem zehnten und vierzehnten Lebensmonat. Eine Liste, wann ein Kind in der Regel wie viele Wörter spricht und versteht, findest du im Anhang. Du kannst sie als Orientierung benutzen, denke aber immer daran: In der Sprachentwicklung kommt es auf so viel mehr an als korrekt gesprochene Wörter. Ich spreche daher lieber von Äußerungen statt von Wörtern. Wir wollen natürlich so viele verschiedene Äußerungen wie möglich von unserem Kind hören. Dazu zählen:

- Namen, Eigennamen, Haustiere oder auch der eigene Name
- Abkürzungen wie »Ba« für »Ball« oder »Wawa« für »Wasser«. Abkürzungen helfen deinem Kind, schwere Wörter zu üben, um sie immer deutlicher zu sprechen. Das heißt, ein nicht korrekt ausgesprochenes Wort zählt für mich als Äußerung.
- Ausrufe wie »oh-oh«, »wow« oder »bä«.
- Tiergeräusche wie »muh«, »miau«, »wihihi«, »oink«.
- Wächst dein Kind mehrsprachig auf, zählen alle Äußerungen in *jeder* Sprache, auch in der Gebärdensprache. Wenn dein Kind also mehrere Sprachen lernt, zählt jede Äußerung in beiden Sprachen. Löffel und *spoon* sind also zwei Äußerungen.

Äußerungen zählen erst als Äußerungen, wenn dein Kind sie konsequent, bewusst und unabhängig verwendet. *Konsequent* verwenden heißt, dass es immer »Ba« zum Ball sagt oder zur Katze immer »Miau«, mindestens jedoch fünfmal. Auch wenn dein Kind konsequent »Ba« zu Ball und gleichzeitig auch »Ba« zu Baum sagt, werden beide Äußerungen gewertet. *Bewusst* etwas äußern meint, dass dein Kind dir oder einer anderen Person etwas mitteilen will, es Sprache also gezielt an jemanden richtet. *Unabhängig* bedeutet, dass dein Kind in dem Moment, in dem es eine Katze sieht, »Miau« sagt. Oder es will mit der Puppe auf dem Regal spielen und sagt »Puppe«. Du hast diese Äußerung nicht vorgesprochen, dein Kind sagt sie von sich aus.

Erfüllt eine Äußerung alle drei Kriterien, hat dein Kind diese Äußerung erworben. Fragt dich deine Kinderärztin oder dein Kinderarzt also, welche Wörter dein Kind schon sprechen kann, dann kannst du ihr oder ihm genau diese erworbenen Äußerungen aufzählen. Falls du jetzt besorgt bist, weil diese Äußerungen noch keine richtigen Wörter sind, nehme ich dir hiermit erst einmal den Druck. Dein Kind beginnt gerade zu verstehen, wie Sprache entsteht und wie es sie anwenden kann. Gib ihm Zeit.

Das kannst du tun, damit dein Kind neue Wörter lernt:

Lies deinem Kind von Anfang an Bücher vor. Während du deinem Kind beim Vorlesen Sprache näherbringst, seid ihr in Verbindung und du förderst die Beziehung zu deinem Kind. Bücher sind voller neuer Wörter, die du in eurem Alltag vielleicht noch nicht verwendet hast. Im Kapitel *Medien* werde ich ganz genau darauf eingehen, wie du Bücher gezielt zur Sprachförderung einsetzen kannst und du dein Kind zu einem richtigen Bücherwurm machst.

Singe mit deinem Kind so oft wie möglich. Keine Sorge, dein Kind kann einen guten noch nicht von einem schlechten Sänger unterscheiden. Allerdings kannst du beim Singen die Sprache deines Kindes optimal unterstützen und ihr habt gleichzeitig auch noch viel Spaß dabei. Beim Singen betonst du Wörter und veränderst Tonhöhen du tust all das, was dein Kind braucht, um Sprache gut wahrzunehmen.

Sitze deinem Kind während des Singens am besten gegenüber und seht euch dabei an. So kann dein Kind auch deinen Mund und deine Bewegungen sehen. Binde am besten zwei Lieder in eure täglichen Routinen ein. Zum Beispiel könntet ihr jeden Morgen *Guten Morgen, Sonnenschein* und jeden Abend *La Le Lu* vor dem Schlafengehen singen. Versuche, langsamer zu singen, damit dein Kind in deinen Gesang einsteigen kann.

Überhaupt ist Musik eine tolle Möglichkeit, Sprache zu fördern und mit deinem Kind Bindung aufzubauen. Ganz allgemein kannst du dein Kind ermutigen, Geräusche, Wörter oder Klänge nachzumachen.

- Verwende Instrumente oder selbst gebastelte Instrumente und macht gemeinsam Musik.
- Verändere Liedertexte passend zu eurem Alltag. Singe mit der Melodie von *Hopp, hopp, hopp, Pferdchen lauf Galopp*: »Putz, putz, putz, runter mit dem Schmutz. Die Zähne sollen sauber sein, dann kommen keine Löcher rein. Putz, putz, putz, runter mit dem Schmutz.«
- Schaltet euch das Radio oder meine Spotify-Liste mit Kinderliedern ein und singt und tanzt zu verschiedenen Liedern.

- Verbinde während des Singens eine Bewegung mit dem dazu passenden Wort. Besonders geeignet sind hierfür Lieder über Körperteile. Der Körperteile-Blues ist ein absoluter Ohrwurm.
- Während du singst, lass das letzte Wort aus und warte darauf, dass dein Kind es singt. Das klingt dann etwa so: »Alle meine Entchen schwimmen auf dem _____, schwimmen auf dem _____, Köpfchen unters _____, Schwänzchen in die _______.« Wie immer gilt auch hier: Schafft es dein Kind noch nicht, das Wort einzusetzen, übernimmst du das. Betone dabei das Wort extra und ziehe es besonders lang.

- Verändere während des Singens ein Wort und lasse dich von deinem Kind verbessern. »Backe, backe, Brokkoli …« Mache dabei große Augen und lächle dein Kind verschmitzt an. Kinder lieben es, uns zu verbessern.

Folge den Interessen deines Kindes

Noch einmal zur Erinnerung: Du brauchst nicht den ganzen Tag mit deinem Kind sprechen, damit es Sprache lernt. Viel wichtiger ist, *was* du deinem Kind erzählst, damit es zu einem kleinen Sprachhelden oder einer kleinen Sprachheldin wird.

Wenn du dein Kind beobachtest, erkennst du seine Interessen. Greif das auf und sprich darüber. Nimm dir den Druck, den ganzen Tag zu sprechen und jeden stillen Moment mit Wörtern zu füllen. Folge dem, was dein Kind tut, und lerne, wie dein Kind gerade mit dir kommuniziert. Wenn du weißt, wie dein Kind sich mit dir verständigen will, kannst du es da abholen, wo es gerade ist. Benenne Dinge im richtigen Moment. Lehn dich also zurück und lass dein Kind die Führung übernehmen. So kannst du ihm im richtigen Moment die richtigen Wörter schenken.

Spielt dein Kind gerne mit dem Ball? Während es einem Ball hinterherjagt, könntest du diese Aktion sprachlich begleiten: »Los, schnapp dir den Ball!«, oder: »So ein großer Ball!«, oder: »Kannst du den Ball zu mir werfen?«, oder: »Wirf den Ball zu mir!« In einer anderen Situation seid ihr vielleicht draußen, und dein Kind sieht zum Himmel, weil ein Flugzeug vorbeifliegt. Du kannst sagen: »Oh, da fliegt ein Flugzeug!«, oder: »Wow, so ein großes Flugzeug!«, oder: »Das Flugzeug fliegt so hoch.« Das heißt nicht, dass du all diese Sätze hintereinander sagen sollst.

Das sind nur Möglichkeiten, von denen du Gebrauch machen kannst. Wähle einfach einen Satz, mehr braucht es schon gar nicht. Verwende jene Worte, von denen du denkst, dass sie dein Kind gerade sagen würde, ganz so, als ob du seine Gedanken lesen könntest. Ein anderes Beispiel wäre, wenn du siehst, dass dein Kind sein Kuscheltier umarmt: »Oh, ihr kuschelt!«, oder: »Der Teddybär ist so weich.« Sprich die Worte für dein Kind, von denen du denkst, dass es sie gerade in diesem Moment sagen würde, wenn es schon mehr Wörter sprechen könnte.

Neben diesem inhaltlich wichtigen Input, den du deinem Kind gibst, ist es wichtig herauszufinden, wo dein Kind gerade steht. Was will dir dein Kind sagen? Wie kommuniziert es mit dir? Sucht es Blickkontakt und schaut zu bestimmten Dingen, verwendet es Gesten, Gebärden oder verschiedene Geräusche? Versuche in jedem Fall, deinem Kind jene Wörter an die Hand zu geben, die es noch nicht sprechen kann. Wenn es auf seinen Becher zeigt, meint es vielleicht, dass es den Becher gerne halten möchte, durstig ist oder dass es trinken möchte. Versuche, diesen Hinweisen zu folgen. Ich nutze dafür anfangs gerne einzelne Wörter oder kurze Phrasen. So kannst du zum Beispiel sagen, wenn dein Kind auf den Becher zeigt: »Der Becher.« Zeigt es weiter darauf, fragst du: »Bist du durstig?« Dann könntest du vielleicht »Becher« wiederholen, um ihm noch einmal klar zu sagen, wie dieser Gegenstand heißt, auf den es zeigt.

Vielleicht hat dich dein Kind auch schon mal am Arm gezogen, so als ob es dir sagen will: »Los, komm mit!«, »Ich will dir etwas zeigen!«, oder: »Ich brauche bitte deine Hilfe!« Versuche auch hier, die Gedanken deines Kindes in Worte zu fassen: »Ich komme mit!«, »Lass uns gehen!«, »Los, gehen wir!«, »Du willst mir etwas zeigen!« Ein letztes Beispiel habe ich noch für dich. Dein Kind ist auf deinem Arm und reckt sich Richtung Boden, möchte also eigentlich gerade nicht auf deinem Arm sein. Auch hier kannst du seinen Gedanken Worte geben: »Runter!«, »Du möchtest runter!«, »Mami, lass mich runter!«, »Papi stell mich auf den Boden!«

Du hast gelernt, wie du der Initiative deines Kindes folgen und es dabei sprachlich begleiten kannst. Während du es motivierst, indem du seinen Gedanken Worte verleihst, zeigst du ihm auch, dass das, was es dir zeigen oder sagen will, bedeutend ist. Du gibst ihm die Wörter, die es sagen würde und die du gerne von ihm hören willst. Bitte vergiss dabei nicht, dass wir ohne Erwartungen an solche Situationen herangehen. Dein Kind muss dir in diesen Momenten nichts nachsprechen. Wenn dein Kind nicht auf deinem Arm sein will, und du »runter« vorsprichst und es dabei auf den Boden stellst, lasse dieses Wort einfach nur wirken. Kinder lernen am besten, wenn das gehörte Wort zur aktuellen Situation passt. Allerdings darf dein Kind dir natürlich nachsprechen, wenn es dies von sich aus tut. Manche Kinder lieben es, uns alles nachzuplappern. Hier kommt dann der Punkt, an dem man besser darauf aufpassen sollte, was man sagt. Daher versuche, euch keinen Druck zu machen und ohne Erwartung deinem Kind vorzusprechen. So wird dein Kind auf ganz natürliche Weise ganz schnell die ersten Wörter sprechen.

Dein Kind hat alle Fähigkeiten, um sprechen zu lernen. Deine Aufgabe besteht darin, deinem Kind viele, viele Möglichkeiten zu geben, diese Fähigkeiten anzuwenden und zu verbessern. Du musst das Rad nicht neu erfinden und auch keine bestimmten Zeitfenster in eurem Alltag einbauen, um sprechen zu üben. Nutze euren Alltag. Benenne Dinge, die im Laufe eures Tages immer wiederkommen. Das klingt vielleicht sehr einfach und natürlich. Versuche, dir diese Wörter bewusst zu machen. Sprich über eure Routinen, die Lieblingsspielsachen oder das Lieblingsessen deines Kindes. Benenne Familienmitglieder, Freunde oder Haustiere. Übung macht den Meister!

Vier Dinge, die du tun kannst, wenn du jetzt mit deinem Kind sprichst:

1. **Verwende einfache Wörter, kurze Phrasen oder einfache Sätze.** Dein Kind fängt gerade erst an zu sprechen, versuche es ihm daher so einfach wie möglich zu machen. Das heißt nicht, dass du ihm keine längeren Informationen geben darfst. Das darfst du selbstverständlich. Um es deinem Kind jedoch so einfach wie möglich zu machen, versuche, die Informationen in kleine Häppchen zu packen. Anstatt zu sagen: »Oh, schau mal, das gelbe Auto fährt aber ganz schön schnell an uns vorbei!« versuche es lieber so: »Schau ein Auto« kurze Pause »ein gelbes Auto« kurze Pause »hui, das fährt schnell«. Dein Kind bekommt zwar die gleich Information, allerdings kann es kleinere Häppchen besser und leichter verarbeiten.
2. **Verwende korrekte Grammatik und korrekte Wörter.** Vermeide es, die Grammatik an dein Kind anzupassen, zu vereinfachen oder gar zu verfälschen. Versuche genauso, Verniedlichungen in Wörtern wie »Hungi«, »Dursti« oder »Schlafi machen« zu vermeiden. Dein Kind braucht die korrekten Informationen, um diese korrekt abzuspeichern.
3. **Wiederhole gleiche, relevante Phrasen immer wieder im Laufe eurer täglichen Routine.** Wenn du immer wieder die gleichen Satzteile in eurem Alltag verwendest, kann dein Kind leichter eine Verbindung herstellen und sich so Wörter besser merken. Zum Beispiel könntest du jeden Morgen »Guten Morgen«, »Aufstehen« oder »Aufwachen« sagen. Finde deine Rou-

tine und versuche, diese Phrasen jeden Tag in der gleichen Art, zum Beispiel in der gleichen Melodie oder dem gleichen Singsang zu sagen. So lernt dein Kind ganz schnell, eine Verbindung zwischen dem Wort und der Bedeutung des Wortes herzustellen. Du könntest auch immer, wenn ihr rausgeht, sagen: »Schuhe anziehen!«, »Wir gehen raus!«, »Raus, raus mit uns!« Egal welche Phrase du für euch wählst, bleibe dabei und hilf deinem Kind eine Verbindung herzustellen. Das Gleiche gilt für Essenszeit, Zeit für die Badewanne und andere Situationen. Gehe gedanklich durch euren Alltag und finde eure Routine.

4. **Und vor allem: Gib deinem Kind die Möglichkeit zu antworten.** Wenn du etwas benennst, halte inne, warte und siehe dein Kind erwartungsvoll an. Dieser Punkt ist für mich persönlich tatsächlich der schwierigste. Gib deinem Kind Zeit, um zu sehen, ob es bereit ist zu antworten. Und ja, vielleicht wird es dir antworten. Super! Vielleicht wird es dir auch noch nicht antworten, und das ist auch völlig okay.

Was kannst du tun, um dein Kind zum Antworten zu motivieren? Hat dein Kind ein Wort bereits mehrmals gesprochen, sagt dieses Wort aber auf einmal nicht mehr, halte während eurer täglichen Routine inne, sieh dein Kind erwartungsvoll an und gib ihm Zeit. Mit deinem Blick kannst du es auffordern: »Kannst du das Wort sagen?« Zum Beispiel kannst du es, bevor du es in die Wanne hebst, über der Wanne halten und erwartungsvoll ansehen. Mache eine kurze Pause und vielleicht, ganz vielleicht wird dein Kind »Bad« oder »Wanne« oder »baden« sagen. Abwarten ist sehr wirkungsvoll, da du deinem Kind durch diese Extrazeit die Möglichkeit gibst, von sich aus mit dir zu kommunizieren.

Lass dein Kind deine Sätze fertig sprechen. »Ab in die …« (Wanne). Vervollständigt dein Kind den Satz von sich aus?

Großartig! Noch nicht? Dann wiederhole deinen Lückensatz zuerst mit der richtigen Antwort und gib deinem Kind noch eine Möglichkeit. »Ab in die Wanne. Ab in die ....« Das kannst du ein paar Mal wiederholen.

Hier sind ein paar Wörter, die du in deiner täglichen *Morgenroutine* nutzen kannst: »Mama«, »Papa«, »Wo?« (»Wo ist dein Bruder?« »Wo ist der Hund?« »Wo sind die Schuhe?« »Wo ist deine Kappe?«), »Auto« (»Wir fahren jetzt mit dem Auto!«).

Wörter, die du beim *Essen* verwenden kannst: Während du deinem Kind seinen Teller reichst, kannst du diese Aktion mit dem Wort »essen« »Zeit zu essen« verbinden. Nach einiger Zeit kannst du, wie oben beschrieben, den Satz erweitern. Während du deinem Kind den Teller gibst, sagst du: »Zeit zu ...« So gibst du ihm viele Möglichkeiten, seine Fähigkeiten zu verbessern und zu üben. Wenn dein Kind nicht antwortet oder nicht so antwortet, wie du es gerne hättest, ist das völlig okay. Du gibst deinem Kind immer und immer wieder Möglichkeiten, verbunden mit der Sicherheit, dass du es nicht zum Sprechen drängst. Dein Kind soll die Chance bekommen, zu sprechen, und gleichzeitig soll die Situation natürlich bleiben.

Wörter, die du beim *Spielen* verwenden kannst: Zeige auf die Tür und sage »raus«, wenn du vor hast, nach draußen zu gehen. Benenne das Spielzeug, mit dem dein Kind gerade spielt: »der Ball«, »das Auto«, »die Seifenblasen«. »Los«, »stopp«, »Hilfe«, »nochmal« – all diese Wörter kannst du nutzen, um dein Kind in seiner Sprachentwicklung zu unterstützen. Wenn ein Spielzeug auf einem Regal steht, kannst du, bevor du es deinem Kind reichst, innehalten und es noch einmal benennen. Beim nächsten Mal könntest du dein Kind

Richtung Spielzeug heben und warten, ob es dieses schon benennen kann. Braucht es noch etwas Unterstützung, begleite es mit den Worten: »Schnapp dir den …«

Wörter, die du während eurer *Abendroutine* nutzen kannst: »baden«, »waschen«, »Zähne putzen«, »Buch«, »Teddybär«, »Umarmung« und natürlich »Gute Nacht«. Das sind ganz allgemein häufig verwendete Wörter. Wenn dein Kind allerdings spezifische Dinge in seiner Routine hat, nutze bitte diese Wörter, die für dein Kind besonders relevant und wichtig sind.

Du weißt nicht so recht, wo du anfangen sollst? Dann baue ich dir aus den Tipps, die ich dir bisher gegeben habe, eine kleine Schritt-für-Schritt-Anleitung.

Es gibt drei Möglichkeiten:

1. Im besten Fall verwendet dein Kind ein Wort, um mit dir zu kommunizieren.
2. Dein Kind brabbelt, sieht dich an oder verwendet eine Geste, um mit dir zu kommunizieren. Verwende das Wort, das zu der jeweiligen Situation passt, noch einmal, sieh dein Kind mit einem erwartungsvollen Blick an und warte aufmerksam, ob es dich imitiert. Versuche, nicht mehr als zweimal dein Kind zum Nachsprechen zu animieren.
3. Dein Kind kommuniziert nicht mit dir. Dann tu das: Schaffe eine Möglichkeit, um mit deinem Kind zu kommunizieren, warte aufmerksam und siehe es mit einem erwartungsvollen Blick an. Verwende eine Geste, indem du zum Beispiel auf einen Gegenstand zeigst. Lass dein Kind deine Sätze vervollständigen: »Zeit zu … baden«, »Achtung, fertig … los«. Verwende das Wort, das du von deinem Kind hören willst. Warte aufmerksam mit einem erwartungsvollen Blick, um

zu sehen, ob dich dein Kind nachmacht und fahre dann mit eurer Routine fort.

Körperteile von Anfang an korrekt benennen

Ich finde es sehr wichtig, dass wir Körperteile von Anfang an richtig benennen, wie alle anderen alltäglichen Gegenstände auch. Arme, Beine, Augen, Kopf, Augenbrauen, Nabel, Zehen und Knie. Benenne Körperteile von Anfang an detailliert. So gibst du deinem Kind Wörter, um zu beschreiben, wenn es Beschwerden oder Verletzungen hat oder wenn es sich unwohl fühlt. Es lernt sich selbst besser kennen und kann kommunizieren, wenn es Hilfe benötigt. Dein Kind entwickelt ein gesundes Körperbild. Es lernt, seinen Körper zu verstehen und sein Körperbewusstsein wird gefördert. Versteht dein Kind seinen Körper und die Bedeutung von Hygiene und Gesundheit, entwickelt es eine positive Einstellung zu seinem Körper.

Auch wenn es für dich unangenehm oder schwierig erscheint, benenne Genitalien wie Penis und Vulva (Vulvina) korrekt. Egal welches Wort du benutzt, für dein Kind wird es keinen Unterschied machen. Es wird das Wort einfach in seinen Wortschatz aufnehmen. Wenn es dir unangenehm ist, Genitalien korrekt zu bezeichnen, kann dein Kind das Gefühl bekommen, dass sie etwas sind, über das man nicht spricht – was wiederum dazu führen kann, dass es sich mit seinen Geschlechtsteilen unwohl fühlt. Dies kann Unsicherheit hervorrufen. Vermeide Begriffe wie Mumu, Pippimann, Spatzi oder Schmuckkästchen.

Ein weiterer wichtiger Punkt ist die Prävention von Missbrauch. Kinder, die ihren Körper kennen, sind in der Lage, über unangemessene Berührungen zu sprechen und Grenzen zu setzen. Schaffe bei deinem Kind ein Bewusstsein, dass sein Körper und der jedes anderen Menschen privat ist und niemand das Recht hat, ihn ohne seine Zustimmung zu berühren.

Kennst du den Kinderschutzrap von Sonja Blattmann? Du kannst ihn mit deinem Kind einüben.

Hand aufs Herz, mal hören, was es sagt.
Meine Gefühle sind richtig und wichtig.
Deine Gefühle sind richtig und wichtig.
Ich sag nein, lass das sein.
Grenzen setzen, nicht verletzen.
Ein gutes Geheimnis behalte ich für mich.
Ein schlechtes Geheimnis: sage ich weiiiiter.
Ich kann helfen und mir Hilfe holen,
doch eins sag ich dir:
Mein Körper gehört mir.

So kannst du dein Kind unterstützen, seine Körperteile zu benennen:

- Nutze alltägliche Situationen, um deinem Kind Wörter für seinen Körper zu geben. Schon bei kleinen Babys kannst du mit einem Waschlappen seinen Körper entlangfahren und seine Körperteile benennen: »Ich wasche deinen Bauch«, oder: »Ich wasche deinen Po.«
- Nach dem Baden kannst du auch beim Eincremen alle Körperteile benennen. Ist dein Kind älter, könnt ihr daraus ein Spiel machen. Lass dein Kind sich selbst eincremen und sage ihm, welches Körperteil als nächstes eingecremt werden soll.

Um sich zu spüren und seine Grenzen noch besser wahrzunehmen, lasse dein Kind am besten dabei vor einem großen Spiegel sitzen.

- Nutze auch beim Zähneputzen auf alle Fälle den Spiegel. So kannst du deinem Kind die Anatomie im Mund näherbringen. Du kannst ihm zeigen, welche Stellen schwer zu erreichen sind und wieso es so wichtig ist, auch die Zahnzwischenräume zu putzen. Vielleicht entdeckt ihr auch noch Essensreste, die weggeputzt werden müssen.
- Habt Spaß beim Anziehen. Zieh dir die Socken an die Hände und die Strumpfhose auf den Kopf. Klärt Missverständnisse auf. Unterstütze dein Kind so wenig wie möglich, aber so viel wie nötig, so förderst du gleichzeitig auch seine Selbstständigkeit und das wiederum stärkt sein Selbstbewusstsein.
- Kinder lernen am leichtesten und besten durch das freie Spiel. Badet Puppen, cremt sie ein und zieht sie an. Benenne auch hier alle Körperteile und erkläre, wofür sie verwendet werden. Auch durch Arzt oder Ärztin spielen kann dein Kind noch einiges lernen: Klebt Pflaster auf verschiedene Körperstellen, gebt Spritzen und bindet Verbände. Gleichzeitig kannst du dein Kind so auch auf den nächsten Arztbesuch vorbereiten.
- Körperteile zu berühren und gleichzeitig zu benennen ist der beste Weg, sich diese auch zu merken. Singt Körper-Lieder und tanzt dazu. Durch die Bewegung lernt dein Kind neue Wörter und kann sich diese besser merken.
- Macht Körperpuzzles. Kennst du Lagepuzzles, bei denen man immer eine Schicht höher wandert? Die gibt es auch für den Körper. Angefangen bei der Haut über die Muskeln und Organe bis hin zu den Knochen. So kannst du dein Kind spielerisch unterstützen, die Funktionen des Körpers kennenzulernen.

- Und natürlich kannst du Körperbücher nutzen. Ob Klappbücher oder Vorlesebücher, dein Kind wird garantiert neue Körperteile oder deren Funktionen lernen und entdecken.

Mit dreißig Monaten können die meisten Kinder auf vier genannte Körperteile zeigen. Falls dein Kind dies nicht tut, sprich bitte mit deinem Kinderarzt oder deiner Kinderärztin.

Inspirationen aus der logopädischen Praxis

Hier findest du ein paar Dinge, die ich als Logopädin gerne in meiner Arbeit mit vielen verschiedenen Kindern anwende. Alles davon ist leicht umzusetzen, du brauchst dafür kein Spezialspielzeug oder besondere Ausstattung.

Stelle Spielzeug oder Dinge, die dein Kind gerne hat, außerhalb seiner Reichweite oder leg sie in eine Kiste, die es noch nicht allein öffnen kann. Zum Beispiel kannst du den Apfel für die Jause auf die Küchenplatte legen, anstatt ihn direkt deinem Kind zu geben. So hat dein Kind die Möglichkeit, das Wort zu sagen oder dir auf einem anderen Weg mitzuteilen, dass es diesen Apfel essen möchte.

Schaffe kleine Missverständnisse. Gib deinem Kind den Löffel, aber noch keinen Joghurt, obwohl es weiß, dass es gleich einen Joghurt essen wird. Oder lasse es ein Puzzle zusammenbauen, bei dem ein Teil fehlt. Du gibst deinem Kind so die Möglichkeit, ein kleines Problem selbst zu lösen. Es kann dir den Löffel entgegenhalten oder »Joghurt« sagen, um dir zu zeigen, dass hier etwas fehlt. Das fehlende Puzzleteil gibt euch die Möglichkeit, euch gemeinsam zu fragen, wo denn dieses Teil hin verschwunden ist, und euch gemeinsam zu freuen, wenn es wieder auftaucht.

Schaffe lustige Situationen. Ziehe beim Hinausgehen die Schuhe deines Kindes an. Oder ziehe seine Schuhe über seine Hände statt über seine Füße. Dein Kind wird den Kopf schütteln und lachen und »Nein« sagen oder »Schuh«. Dein Kind wird einen Weg finden, dir zu zeigen, dass hier etwas nicht stimmt. Lege ein Tuch über deinen Kopf und warte ab, was dein Kind tun wird. Wird dich dein Kind rufen? Wird es dir das Tuch vom Kopf ziehen?

Biete deinem Kind Alternativen. Deinem Kind Auswahlmöglichkeiten zu bieten, erweitert seinen Wortschatz, motiviert es zu kommunizieren und dir zu zeigen, was es will. Vermeide Ja-/Nein-Fragen, also: »Möchtest du eine Banane?«, oder: »Möchtest du das Auto haben?« Dein Kind muss dann nur mit dem Kopf nicken oder ihn schütteln und wird nicht zum Sprechen angeregt. Das Problem: Auch wenn dein Kind eine Frage nicht verstanden hat, wird es versuchen, dir den Eindruck zu vermitteln, als hätte es verstanden. Manche Kinder, die Schwierigkeiten mit dem Sprachverständnis haben, neigen dazu, »Ja«-Antworten zu geben. Sie haben erkannt, dass wir Erwachsene auf ein Kopfnicken zufrieden reagieren und nicht weiter nachfragen. Versuche es lieber so: »Möchtest du eine Banane oder einen Apfel?«, oder: »Möchtest du die Puppe oder das Auto?« Wenn es möglich ist, halte diese beiden Dinge in der Hand, damit dein Kind weiß, wovon du sprichst. Du bietest deinem Kind neue Wörter an und erweiterst automatisch seinen Wortschatz. Gleichzeitig unterstützt du dein Kind in seiner Autonomieentwicklung, indem es selbst Entscheidungen treffen kann.

Dabei muss dein Kind nicht sprechen, um den gewünschten Gegenstand zu bekommen. Es kann darauf schauen, danach greifen oder auch zeigen. Wenn es sich bei der Auswahl nicht um Gegenstände handelt, kannst du auch Bilder oder Gesten anbieten, um die Auswahlmöglichkeiten zu veranschaulichen. Schafft es dein Kind nicht, dir mitzuteilen, was es möchte, frage noch einmal. Bekommst du wieder keine Antwort, antworte für dein Kind: »Ich glaube, du hättest lieber die Banane.«

Hier ein paar Ideen für Auswahlmöglichkeiten:

- Möchtest du die Regenbogen-Socken oder die mit den Autos?
- Möchtest du deine Hände in der Küche oder im Badezimmer waschen?
- Möchtest du Milch oder Wasser trinken?
- Wer soll deine Zähne putzen? Mama oder Papa?
- Welches Gemüse möchtest du auf deinem Teller? Brokkoli oder Karotten?
- Möchtest du mit deinem Teddybären oder deinem Häschen schlafen gehen?
- Sollen wir zum Auto gehen oder hüpfen?
- Möchtest du Opa ein Küsschen oder High five geben?
- Möchtest du ein Buch lesen oder Musik hören?
- Sollen wir zuerst deine Zähne putzen oder dein Gesicht waschen?
- Möchtest du gehen oder mit deinem Roller fahren?
- Mit welchem Becher sollen wir deine Haare waschen? Mit dem Micky-Maus-Becher oder dem Bären-Becher?

Je mehr Spaß ihr dabei habt, desto besser. Deiner Fantasie sind keine Grenzen gesetzt.

Wie klingt es, wenn mein Kind zu sprechen beginnt?

Du weißt jetzt schon, dass auch eine Äußerung, die nicht korrekt gesprochen wird, als »Wort« zählt. Eine der häufigsten Fragen, die ich als Kinderlogopädin gestellt bekomme, ist die, wann ein Kind denn endlich »ordentlich« spricht. Meistens ist damit gemeint, wann ein Kind denn nun endlich alle Wörter korrekt ausspricht, sodass es von jedem gut verstanden wird.

Im Kapitel *Besondere Herausforderungen* findest du einen ganzen Abschnitt zu Aussprache und Tipps auch für ältere Kinder, wie ihr Laute üben könnt. In diesem Abschnitt hier möchte ich dir zeigen, was du von deinem Kind zu Beginn seiner Sprachentwicklung erwarten kannst, wenn es gerade zu sprechen beginnt. Gerade am Anfang machen Kinder es sich oft so einfach wie möglich. Was heißt das?

Die Wahrnehmung über unseren Mund ist hundertfach höher als über die Haut. Hast du vielleicht schon einmal einen Essensrest zwischen deinen Zähnen stecken gehabt? Oder ist dir schon einmal ein Stückchen Zahn abgebrochen? Dann weißt du, wie nervig das ist. Wir fühlen dies mit unserer Zunge viel deutlicher, sie muss immer wieder an diese Stelle wandern, um zu ertasten, was da los ist. Dies ist auch der Grund, warum dein Baby alle Gegenstände in den Mund nimmt oder daran saugt oder schleckt. Es will wissen, wie sich die Welt anfühlt. Gleichzeitig sieht es deine Mundbewegungen und hat dich schon oft bestimmte Wörter immer wieder sagen hören. Spiegelneuronen motivieren es, es dir gleich zu tun.

Bevor dein Kind die ersten Äußerungen von sich gibt, wird es erst einmal seinen Sprechapparat kennenlernen. Stell dir wieder vor, du lernst eine neue Sprache. Zuerst wirst du lernen, welche Laute es gibt und wie diese produziert werden können. Auch nach jahrelangem Üben erkennen Menschen, die mit dieser Sprache aufgewachsen sind, deinen Akzent und merken, dass du diese Sprache »nur« als Zweitsprache erlernt hast. Du lernst, deine Zunge richtig zu positionieren, wie du deine Lippen formst, aber auch, ob du deine Stimme brauchst oder nicht. Hast du schon einmal darüber nachgedacht, wie du den Laut L bildest? Oder wie der Laut K entsteht? Zum Glück müssen wir darüber nicht nachdenken, denn wir haben diese motorischen Abläufe und die Bildung von Lauten nach millionenfachem Üben abgespeichert. Sei also geduldig. Dein Kind wird nicht aufwachen und von einem auf den anderen Tag sagen: »Da fährt der grüne Traktor mit der rostigen Schraube.«

Du kannst dein Kind in diesem Entwicklungsschritt unterstützen, indem du geduldig bist. Verbessere es nicht. Vielleicht hast du schon einmal den Begriff korrektives Feedback gehört? Beim korrektiven Feedback geht es darum, Wörter, die dein Kind noch nicht korrekt ausspricht, selbst korrekt zu wiederholen, ohne darauf hinzuweisen, dass dein Kind einen Fehler gemacht hat. Du musst dein Kind auch nicht nachäffen oder jeden Satz Wort für Wort wiederholen. Nutze das Wort in einem anderen Kontext wieder oder frage nach.

Das kann zum Beispiel so aussehen:

Kind: »Mama, Kaktor.«
Mama: »Oh, der Traktor ist umgefallen.«

Kind: »Nane.«
Papa: »Möchtest du eine Banane essen?«

Kind: »Sane.«
Mama: »Da kriecht die Schlange, ich sehe sie.«

Kind: »Tonne.«
Papa: »Blendet dich die Sonne?«

Wenn dein Kind sprechen lernt, brauchen wir Bezugspersonen oft den Zusammenhang oder Kontext. Je mehr Zeit wir mit dem Kind verbringen und je besser dein Kind sprechen lernt, desto leichter wird es, Wörter zu entschlüsseln. Es ist also ganz logisch, dass Mamas, Papas und andere enge Bezugspersonen das Kind oft besser verstehen als Fremde. Als meine Kinder sprechen lernten, ärgerte ich mich oft über Leute, die nachfragten und mich groß ansahen: »Was meint er?« Ich dachte immer: »He, er hat das so toll gesagt, man muss auch ein bisschen kreativ sein.«

Typische Aussprachefehler

Durch das Brabbeln hat dein Kind schon viele Laute geübt. Die häufigsten Laute, die Kinder verwenden, sind M, B und D. Häufig kannst du auch K-, T- oder N-Laute hören. Mit diesen Lauten, die dein Kind nun schon längere Zeit geübt hat, werden auch meistens die ersten Wörter gebildet. Es gibt Kinder, die sprechen von Anfang an perfekt, klar und deutlich. Das ist jedoch die Ausnahme. Die meisten Kinder brauchen einfach Zeit. Zwischen dem zweiten und vierten Lebensjahr werden Laute und dadurch auch Wörter immer klarer und deutlicher.

Vielleicht erkennst du hier bestimmte Aussprachefehler deines Kindes wieder?

Dein Kind ersetzt fließende Laute wie S, F, SCH, CH oder W durch einen kurzen Laut wie T, K oder P. Dann kann die Sonne schon einmal zur Tonne, der Schinken zum Tinken oder der Fisch zum Pip werden.

Wenn Kinder zu sprechen beginnen, lassen sie häufig den letzten Laut weg. Das heißt, dein Kind sagt zu Buch nur »Bu« oder zu Bett nur »Be«. Das ist gerade, wenn das Kind zu sprechen anfängt, absolut altersentsprechend. Also sei hier bitte erst einmal unbesorgt.

Dein Kind ersetzt R durch H, und ihr sprecht plötzlich über die Hose statt über die Rose und der Roller wird zum Holler.

Häufig ist auch zu beobachten, dass ein Kind einen Laut in einem Wort wiederholt. Meine Tochter hat zum Beispiel immer zur Giraffe »Faffe« gesagt oder zur Karotte »Totte«. Kinder passen die Laute in einem Wort an, damit es so leichter auszusprechen ist, da die Zungen- und Lippenposition beim gleichen Laut nicht verändert werden muss.

Da betonte Silben besser zu hören sind, ist es auch ganz typisch, dass Kinder unbetonte Silben einfach auslassen. Die Banane wird dann zur Nane oder der Elefant wird zum Fant.

Das kannst du tun, wenn du dein Kind nicht verstehst:

- Frage nach: »Was meinst du?«, »Kannst du es mir nochmal sagen?«, oder: »Meine Ohren sind heute so müde, die können heute nichts verstehen, bitte sage es mir nochmal.«
- Versuche, durch die Umgebung und den Kontext den Zusammenhang zu verstehen: »Meinst du das Glas?«, oder: »Möchtest du Wasser trinken?«
- Lass es dir zeigen: »Kannst du mir zeigen, was du meinst?«, oder: »Wo ist das? Zeig es mir! Kannst du mich da hinbringen?«

- Wenn dein Kind weint und frustriert ist, benenne seine Gefühle und auch deine: »Das ist gerade so ärgerlich, dass ich dich nicht verstehe.«, oder: »Mir ist es wichtig, dass ich dich verstehe.«, oder: »Das macht dich richtig wütend, dass ich dich nicht verstehe. Jetzt weinst du, weil ich dich nicht verstehen kann.«
- Biete ihm Alternativen: »Kannst du es mir beschreiben?«, »Mir ist es wichtig, dich zu verstehen, wollen wir es später noch einmal versuchen?«, oder: »Ich kann dich nicht verstehen, könntest du es bei Papa versuchen?«

Und das Wichtigste: Feiere euch! »Ach, das meintest du, jetzt hätte ich es fast nicht verstanden.«, oder: »Oh Mann, das wolltest du mir sagen, und ich konnte dich einfach nicht verstehen, gut, dass du es nochmal versucht hast.«, oder: »Schlag ein, wir haben es so lange versucht, und jetzt habe ich dich verstanden.«

5

Dein Kind im dritten Lebensjahr

Ein wichtiger Schritt in der Selbstentwicklung deines Kindes ist es, sich im Spiegel zu erkennen. Bis zum zweiten Geburtstag gelingt das fast allen Kindern. Du kannst das mit dem Rouge-Test überprüfen. Tupfe deinem Kind unbemerkt einen roten Punkt auf sein Gesicht und warte auf seine Reaktion vor dem Spiegel. Fasst dein Kind in sein Gesicht oder auf den roten Punkt, kannst du mit Sicherheit sagen, dass sich dein Kind im Spiegel erkennt. Etwas später erkennt es sich und andere Personen auch auf Fotos.

Hier kommt jetzt ein absolut geheimer Sprachfördertipp von mir. Bastelt euch ein kleines Familien-/Freundealbum. Drucke Fotos der wichtigsten Bezugspersonen deines Kindes aus und binde sie mit Fotoringen zu einem kleinen Fotobuch oder gestalte dir einfach ein kleines Fotoalbum. So kannst du mit deinem Kind über verschiedene Familienmitglieder und Familienkonstellationen sprechen: »Das ist Papas Schwester. Oh schau, Tante Gundula ist auch da. Hallo Omi. Hallo Opi!«

Das »Ich«

Dein Kind soll natürlich nicht nur die Namen von Familie und Freunden kennen, sondern auch seinen eigenen. Du hast viel Zeit investiert, den schönsten Namen für dein Kind auszusuchen. Jetzt möchtest du, dass es ihn auch endlich selbst sagt. Zwinge dein Kind nicht und lass dich nicht verunsichern. Seinen eigenen Namen zu lernen, ist ein Entwicklungsschritt. Es kann Monate dauern, bis dein Kind ihn richtig sprechen wird. Ab dem ersten Geburtstag kannst du dein Kind in drei Schritten beim Namenlernen unterstützen:

1. Frage dein Kind: »Wie heißt du?« Tippe mit seiner Hand auf seine Brust und antworte für dein Kind: »Sabine!« Dies kannst du jeden Tag mehrmals ausprobieren.
2. Nach ein paar Wochen kannst du, anstatt gleich mit dem Namen deines Kindes zu antworten, erst einmal den Anfangslaut des Namens deines Kinds vorsagen. Zum Beispiel: »Wie heißt du? SSSSSS.« Gib deinem Kind Zeit und vielleicht gelingt es ihm, schon selbst zu antworten. Keine Sorge, wenn der Name noch nicht korrekt ausgesprochen wird.
3. Nach einigen Wochen kannst du Schritt 3 einleiten. Wenn du dein Kind fragst, wie es heißt, warte fünf bis zehn Sekunden, vielleicht kommt der Name von selbst. Wenn nicht, gehe zu Schritt 2 zurück.

Kurze Zeit, nachdem sich dein Kind zum ersten Mal im Spiegel erkannt hat, wird es beginnen, sich selbst beim Namen zu nennen. Die meisten Kinder tun das bis zum vierten Geburtstag, oder sie bezeichnen sich mit »ich«. Nennt sich dein Kind bis zum vierten Geburtstag nicht beim Namen oder sagt

»ich«, sprich bitte mit deinem Kinderarzt oder deiner Kinderärztin.

Wusstest du, dass die meisten Kinder zuerst »du« sagen, bevor sie »ich« sagen? Das Wörtchen »ich« kannst du deinem Kind nicht beibringen. »Ich« zu sich selbst zu sagen ist ein Entwicklungsschritt, denn ich bin ich nur für mich und du bist »ich« nur für dich. Denk mal über diesen Satz nach! Wenn du dein Kind also fragst: »Wer soll das Wasser einschenken? Du oder ich?«, darfst du dich nicht wundern, wenn dein Kind mit »du« antwortet, denn du hast es ja gerade als »du« bezeichnet. Ganz schön clever, oder?

Trotzdem habe ich ein paar Tipps für dich, wie du das Kind beim »Ich«-Sagen unterstützen kannst. »Ich« zu üben, klappt leider nicht in einer Zweiersituation. Denn genau dann haben wir das »Ich«- und »Du«-Problem wieder. Du brauchst entweder eine reale dritte Person oder Puppen, Stofftiere oder andere Figuren. Zum Beispiel kannst du bei einem Kaffeekränzchen fragen: »Wer möchte noch Tee?« Woraufhin alle Puppen sich mit »Ich!« »Ich!« »Ich!« melden. Der Bauer könnte auch die Tiere fragen: »Wer möchte Heu?« Woraufhin die Kuh antwortet: »Ich!« »Und wer möchte eine Karotte?« Der Hase antwortet mit: »Ich!«

Besonders mit Geschwisterkindern bieten sich viele Situationen an. Beim Abendessen kannst du zum Beispiel fragen: »Wer möchte seinen Teller als Erstes haben?« Und dich gleich mit »ich« melden. Auch Kaufladen spielen eignet sich hervorragend. »ICH kaufe Brot. ICH kaufe Paprika. ICH kaufe Äpfel.« Lasse auch Handpuppen einkaufen gehen, damit dein Kind erkennen kann, dass auch die Puppe »ich« zu sich sagt.

Während dein Kind das alles lernt, beginnt es, eine Vorstellung von sich zu entwickeln: sein Selbstkonzept. Es erkennt seine Besonderheiten, Merkmale, Fähigkeiten, Interessen und Gefühle. Gleichzeitig entdeckt es auch seine Autonomie. Es merkt, dass es einen Einfluss auf die Welt hat. Es kann etwas bewirken, Dinge selbst in die Hand nehmen, Probleme und Konflikte lösen. Sobald dein Kind beginnt, sich selbst beim Namen zu nennen, wird es auch erkennen, dass bestimmte Dinge ihm gehören und es bestimmte Dinge besitzen will. Dein Kind wird die Wörter »mein« und »mir« für sich entdecken.

Auch Rollenspiele und soziale Interaktionen werden jetzt interessant. Dein Kind wird Erwachsene oder auch andere Kinder imitieren. So hat es die Möglichkeit, verschiedene Identitäten auszuprobieren. Es erkundet soziale Rollen und lernt, die Perspektive von anderen einzunehmen und Empathie zu entwickeln, indem es sich in andere hineinversetzt. Eine Prinzessin, ein Superheld oder ein Tier zu sein ermöglicht ihm außerdem, eigene Interessen, Vorlieben und Persönlichkeitsmerkmale zu entdecken und zu erkunden. Durch das Rollenspiel kann dein Kind herausfinden, was ihm gefällt, was es kann und wer es sein will.

Im Rollenspiel kann dein Kind kreativ sein, Probleme lösen und verschiedene Handlungsabläufe planen. In verschiedenen Szenarien und Situationen muss es oft improvisieren, sich Geschichten ausdenken und Entscheidungen treffen. Das Kind drückt seine Gedanken, Ideen und Emotionen aus, um in seiner Rolle authentisch zu sein. Gleichzeitig lernt es, Emotionen zu regulieren und Konflikte zu lösen.

Gefühle begleiten

Dein Kind braucht ein Wort für das, was es fühlt. Und das ist gar nicht so einfach, denn wer sagt uns denn, wie sich etwas für dich, mich oder dein Kind anfühlt? Dein Kind kann nur lernen, Gefühle richtig zu deuten und zu benennen, wenn du ihm Worte dafür gibst. Strahlt dein Kind, wenn die Oma zur Tür hereinkommt, und du nie zu ihm sagst: »Oh, du freust dich, dass die Oma da ist«, wird es nicht wissen, was dieses wundervolle Gefühl in seinem Bauch bedeutet.

Oft ist es gar nicht so leicht, Gefühle zu benennen. Anfangs ist es eher ein Raten. Wir können nur vermuten, wie es jemand anderem geht oder wie er sich fühlt. Ganz oft wissen wir ja selbst nicht einmal, wie es uns gerade geht. Wie geht es dir gerade? Fällt es dir leicht, deine Gefühle in Worte zu fassen? Dein Kind muss erst einmal verstehen, was gerade mit ihm passiert. Es lernt, wie sich sein Körper anfühlt und vielleicht, auch was sein Körper gerade macht.

Dann kommst du ins Spiel. Wenn dein Kind noch keine Worte für seine Gefühle hat, müssen wir Bezugspersonen erst einmal interpretieren. Was könnte *mit* deinem Kind los sein? Was könnte *in* deinem Kind gerade los sein? Diese Interpretation kann auch vollkommen falsch sein. Doch mit der Zeit wird dein Kind seine Emotionen und Gefühle nicht nur kennen, sondern auch benennen lernen. Oft können wir gut mit positiv besetzten Gefühlen umgehen. Sie werden meist verstärkt und fühlen sich einfach gut an.

Doch nicht nur positiv besetzte Emotionen, auch andere Gefühle müssen erst erkannt und benannt werden, um deinem Kind Sicherheit zu geben, was es gerade fühlt. Du gibst deinem Kind am Morgen den grünen Teller mit einem Toastbrot und Butter.

Und dann passiert es. Dein Kind schleudert dir den Teller entgegen, weint, schreit und tritt um sich. Niemand von euch beiden weiß, was gerade passiert und mit dem Kind los ist. Dein Kind merkt, dass es in diesem Moment gerade etwas anderes wollte, als es bekommen hat. Seine Bedürfnisse und Wünsche haben sich verändert. Sie werden mit fortschreitendem Alter konkreter. Es wollte vielleicht den gelben Teller oder einen Toast ohne Butter, oder eine Banane? Da besonders kleine Kinder ihre Gefühle noch nicht regulieren und deuten können, brauchen sie dich als Co-Regulation.

Positiv besetzte Gefühle wie Freude, Aufregung oder Stolz werden häufiger benannt und auch eher akzeptiert als negative. Wir Erwachsene mit kleinen Kindern gehören zur Generation der Millennials oder Gen Y. Wir sind meist noch so aufgewachsen, dass wir negative Gefühle nicht zulassen durften. Ich habe den Eindruck, dass hier zum Glück gerade eine große Veränderung passiert, denn viele Eltern wollen nicht, dass ihre Kinder Emotionen wegschieben oder unterdrücken. Vielleicht lebe ich aber auch in meiner Social-Media-Bubble und liege total falsch. Dennoch bin ich überzeugt, dass der Großteil der Millennials noch einen dieser Sätze mindestens einmal gehört hat:

Große Kinder kennen keinen Schmerz.
Hat doch gar nicht wehgetan.
Nichts passiert.
Ich hab dir doch gesagt, dass das passiert.
Da bist du aber jetzt selbst schuld.
Schau mal, da fliegt ein Flugzeug (Ablenkung).
Weil ich das so sage.

Hier werden Gefühle nicht nur abgetan, sondern verharmlost und nicht ernst genommen. Wie sollen Kinder zu ihren Gefühlen stehen und diese deuten können, wenn es ihnen nicht gestattet wird, sie zu fühlen? Ich muss doch Schmerz kennenlernen, um zu wissen, wie er sich anfühlt, um ihn dann benennen zu können.

Vielleicht hat es harmlos ausgesehen, als ich mir meinen kleinen Zeh angehauen habe. Trotzdem hat es übel wehgetan! In diesem Moment ist für mich etwas passiert. Ich habe mich allein schon in dem Moment, als ich über den Karton gestolpert bin, furchtbar erschrocken. Wenn meine Kinder stolpern oder sich anhauen und weinen, ist eine meiner ersten Fragen: »Hast du dich verletzt oder erschrocken?« Ist die Antwort »erschrocken«, kann man schon einmal durchatmen: »Oh, das glaube ich. Ich habe mich auch gerade so erschrocken, als es so gekracht hat.«

Nicht sehr hilfreich ist in solchen Momenten der Satz: »Da bist du aber auch wirklich selbst schuld.« Diese Aussage lässt dein Kind schlussfolgern, dass es diesen Schmerz oder diese Verletzung verdient hat, weil es eben nicht gehorcht hat. Fühlt sich auch nicht gut an, oder? Besser wäre: »Jetzt bist du abgerutscht«, oder: »Alles in Ordnung? Hast du dich verletzt?« Das zeigt deinem Kind, dass es und seine Gefühle ernst genommen werden. Dass es auf dich hätte hören sollen, fühlt es, da bin ich überzeugt, selbst. Gleichzeitig fühlt es sich gesehen, gehört und bestätigt: Auch wenn ich einen »Fehler« gemacht habe, werde ich weiter geliebt und meine Gefühle werden ernst genommen.

! *Wir müssen die Gefühle unserer Kinder nicht kontrollieren, nur begleiten.*

Sag das mal einer Mama oder einem Papa, wenn ihr tobendes und brüllendes Kind auf dem Supermarktfußboden liegt! Ist dein Kind bereits in der Autonomiephase angekommen? Früher sprach man von »Trotzphase«, doch Autonomie trifft es einfach besser. Kennst du Situationen, in denen dein Kind aus purer Verzweiflung schreit, tobt, tritt, haut, weint, sich nicht beruhigen und auch nicht mit sich reden lässt? Ja, auch diese Gefühle gehören dazu. Dein Kind »trotzt« in solchen Situationen nicht gegen dich. Es tut nichts gegen dich, sondern alles für sich. Wenn es um sich tritt, haut, beißt oder brüllt, tut es dies nicht, um dich zu ärgern, sondern um dir zu zeigen, dass es ihm nicht gut geht, dass es seine Gefühle noch nicht regulieren oder auch noch nicht in Worte packen kann. Wutausbrüche sind Teil der kindlichen Entwicklung. Und ganz ehrlich, wie viele Erwachsene kennst du, die ihre Emotionen ebenfalls nicht regulieren können?

Wutausbrüche sind nicht nur für dich eine Herausforderung, sondern auch für dein Kind. Wie frustrierend muss es sein, wenn jemand über deine Wünsche und Bedürfnisse hinweg entscheidet! Jemand anderer bestimmt, dass es jetzt im Supermarkt keine Gummibärchen für dich gibt. Dass du gerade ein Eis hattest und davor schon einen Schokomuffin tut doch hier nichts zur Sache.

Wir haben gelernt, Verantwortung für uns zu übernehmen und müssen gleichzeitig auch Entscheidungen für unser Kind treffen – für seine Gesundheit und Sicherheit. Dein Kind hat diesen Lernprozess noch vor sich. Überlege doch einmal, wie frustrierend es sein muss, etwas zu fühlen und nicht benennen oder ausdrücken zu können. Seine Bedürfnisse und Wünsche noch nicht in Worte fassen zu können. Aber was hat das alles mit der Sprachentwicklung zu tun? Es gibt eine Studie, die zeigt, dass Kinder, die mit zwei Jahren weniger als fünfzig Wörter sprechen und noch keine Zweiwortsätze bilden, fast doppelt so viele und intensivere Wutausbrüche haben wie gleichaltrige Kinder mit mehr als fünfzig Wörtern, die bereits Zweiwortsätze bilden.

Auch wenn diese Studie eine der ersten ist, die einen Zusammenhang zwischen Wutausbrüchen und fehlender Sprache feststellen konnte, sind die Verfasserinnen noch kritisch, ob man dieses Ergebnis wirklich werten kann. Andere Faktoren wie der soziale Status der Familien, aber zum Beispiel auch das Einkommen oder das Temperament dürften ebenfalls eine entscheidende Rolle spielen. Fehlende Worte sind nicht die alleinige Ursache für häufigere Wutausbrüche.

Für mich würde dieser Zusammenhang dennoch Sinn machen. Allerdings ist nicht jedes Kind automatisch ein *Late Talker*, nur weil es regelmäßige oder auch intensivere Wutausbrüche als gleichaltrige Kinder hat. Wie schon gesagt, Wutausbrüche gehören einfach zur kindlichen Entwicklung dazu. Diese Studie zeigt uns erstmal, dass es einen engen Zusammenhang gibt zwischen dem, was dein Kind noch nicht ausdrücken kann, und dem Ärger und der Wut, die daraus resultieren kann. Die Autorinnen schreiben, dass sie bereits an einer weiteren Studie arbeiten. Ich bin gespannt!

Was kann ich zu meinem wütenden Kind sagen?

Mit dem Gedanken, dass dein Kind sich noch nicht regulieren und ausdrücken kann, kannst du hoffentlich entspannter dem nächsten Wutausbruch gegenübertreten. Begib dich auf Augenhöhe mit deinem Kind. Begleite dein Kind mit seinen Gefühlen.

Mein Erste-Hilfe-Tipp für einen Wutausbruch ist es, erst einmal tief zu atmen. Atmen hilft immer. Oder du suchst in Gedanken zehn rote Gegenstände in deiner näheren Umgebung. In jeder Wutausbruchsituationen mit Publikum stelle ich mir eine unsichtbare Kuppel um mich und mein Kind vor und versuche, so empathisch wie möglich zu sein.

Eines meiner Kinder hatte neulich einen dreißigminütigen Wutausbruch, weil wir nicht mehr mit Freunden um sieben Uhr abends IN das Restaurant, sondern daran vorbeigegangen sind. Es wollte unbedingt mit, und ich konnte das auch wirklich gut verstehen. Es war hungrig, und unsere Freunde waren schließlich auch hineingegangen, wir hätten also zwei Fliegen mit einer Klappe geschlagen. Ich begab mich also auf Augenhöhe, kniete mich vor mein Kind, in sicherem Abstand, denn da kann schon einmal eine Hand oder ein Fuß in meine Richtung schnellen. Ich ließ es erst einmal weinen und atmete, was das Zeug hält. Ich atmete und suchte sogar fünfzehn rote Gegenstände, was in der Dunkelheit gar nicht so einfach war. Ich stellte mir die unsichtbare Kuppel um uns beide herum vor. Ich benannte seine Gefühle und seine Wünsche.

»Du bist gerade so mega sauer.«

»Du willst einfach in das Restaurant.«

»Du hast Hunger und willst noch mit deiner Freundin spielen.«

Mein Kind bejahte weinend.

»Gleichzeitig ist es schon spät, ich habe zu Hause gekocht und es wird hier gerade richtig kalt.«

Mein Kind schrie weiter und versuchte, mich zu zwicken.

»Ich bleibe heil«, sagte ich mit einer abwehrenden Handbewegung. »Ich sehe, du bist richtig wütend, weil du schon so Hunger hast und gerne noch mit deiner Freundin spielen willst.«

Mein Kind bejahte weinend. Es strampelte und schrie mich an. Dieser Austausch ging wie gesagt dreißig lange Minuten lang. Ich weiß nicht, wie viele Menschen an uns vorbeigegangen sind. Ich atmete und atmete und stellte mir die unsichtbare Kuppel vor. Irgendwann kam der Durchbruch.

»Bist du bereit, mit mir nach Hause zu fahren? Wir werden einen anderen Termin zum Abendessen vereinbaren.«

Mein Kind nickte, schniefte noch ein bisschen weiter und wir gingen Hand in Hand zum Auto. Klingt nach einem wunderschönen Zaubermoment. Ist es NACH dem Wutausbruch auch. Doch nicht immer habe ich die Geduld, die Laune, die Bereitschaft oder auch die Zeit, Wutausbrüche so geduldig zu begleiten. Doch gerade solche Momente, in denen ich mir sagen kann: Ich habe es geschafft. Ich bin bei mir geblieben. Ich habe mein Kind richtig gut begleitet. Solche Momente geben mir Kraft und Selbstvertrauen. Kraft und Selbstvertrauen für den nächsten Moment, in dem die Wut rausmuss.

Nein, so harmonisch läuft das bei uns nicht immer. Ich schreie auch. Wie gesagt: Ich hatte Zeit, ich hatte an diesem Tag die Kraft dazu, die Geduld und die Bereitschaft. Trotzdem geben uns Momente, in denen es geklappt hat, einfach unglaublich viel.

Was kannst du beim nächsten Wutausbruch tun?

Begib dich auf Augenhöhe mit deinem Kind. Ich habe das schon gesagt, aber es ist wirklich wichtig. Niemand möchte von oben herab angesehen werden. Schon gar nicht in Momenten, in denen man seine innersten Gefühle zeigt.

Gib deinem Kind und dir Raum und Zeit. Halte erst einmal Abstand zu deinem Kind. Atme und beobachte es. Manche Kinder mögen es, in den Arm genommen zu werden, andere brauchen ihren Raum. Fühle in dich hinein und erkenne auch, was DU brauchst.

Benenne die Gefühle deines Kindes, für die es im Moment des Wutausbruches noch keine Worte hat. Fragst du dich gerade, woher DU denn wissen sollst, was dein Kind gerade fühlt? Das ist genau die richtige Frage, denn du weißt es nicht. Du kannst nur erahnen, was es gerade fühlt. Indem du allerdings immer wieder verschiedene Gefühle benennst, erkennt dein Kind diese und lernt, sie auch selbst zu benennen. Es wird nach und nach verstehen: Ach, so fühlt es sich an, wütend zu sein. Oder: Ach, das macht mich also traurig.

Lass dir deine Vermutungen bestätigen. Frage nach Ja-Antworten. Durch Ja-Antworten kommst du mit deinem Kind in Verbindung. »Du hättest jetzt noch richtig gerne mit deiner Freundin gespielt.« »Du bist gerade echt hungrig.« – »Ja-Ja-Ja!« Fragen nach einem Ja zeigen deinem Kind, dass du dich für seine Bedürfnisse und Wünsche interessierst, und bringen dich ihm näher.

Du fragst dich, ob man damit nicht in offenen Wunden bohrt? Ist es nicht kontraproduktiv, gerade dann, wenn das Kind tobt und wütet, nochmal genau nach der Ursache zu fragen? Ja, stimmt. Ich will mein Kind aber verstehen, und Klarheit bekomme ich nur durch Nachfragen. Gleichzeitig will ich ihm zeigen, dass ich mich für seine Bedürfnisse und Wünsche interessiere und diese auch wahrnehme. Durch Ja-Antworten kommst du mit deinem Kind in Verbindung. Ihr steht auf der gleichen Seite.

Gegenwehr allerdings erzeugt oft Gegenwehr: »Komm, stell dich nicht so an!«, »Komm jetzt wir gehen!«, »Es reicht, wir gehen jetzt.« Man will sich rechtfertigen und dem anderen seine Argumente verdeutlichen: »Du hattest schon ein Eis, jetzt ist Schluss, wir gehen.« Durch Ja-Antworten braucht es keine Gegenwehr. Ihr schafft das gemeinsam, und du bist da, um mit deinem Kind über seine Bedürfnisse und Wünsche zu sprechen.

Nun kommt die Frage nach der Bereitschaft. »Bist du bereit, nach Hause zu gehen? Bist du bereit, etwas anderes zu essen?«

»Ja.« Fein. Zaubermoment. High five!

»Nein.« Mist.

Alles nochmal von vorne.

»Ich sehe dich. Du bist richtig sauer.« – »Ja.«

»Du möchtest noch mit deiner Freundin spielen?« – »Ja«.

Diese Schleife kannst du wiederholen, bis dein Kind bereit ist. Danach darfst du dir kräftig auf die Schulter klopfen. Und diesen Zaubermoment für dich einfangen.

Zweiwortäußerungen oder Mehrwortäußerungen

Stell dir einmal vor, ich gebe dir das Rezept für meinen legendären Schokoladenkuchen. Doch anstatt einer genauen Schritt-für-Schritt-Anleitung nenne ich dir lediglich die Zutaten: Schokolade, Zucker, Butter, Eier und Mehl. Du weißt zwar jetzt, welche Zutaten du benötigst, hast aber keine Mengenangaben. Du weißt nicht, ob du die Eier trennen, den Schnee schlagen oder die Butter schmelzen musst, oder wie lange der Kuchen bei wie viel Grad im Ofen backen muss. Du hast zwar eine Basis, eine Idee, dir fehlen jedoch wichtige Informationen, damit der Schokoladenkuchen so schmeckt, wie du es gerne hättest.

Genau so ist es mit dem Wortschatz deines Kindes. Stell dir vor, seine Worte sind die Zutaten. Für das Rezept brauchen wir allerdings nun schon mehr Information. Dein Kind will den ganzen Kuchen. Damit dein Kind seine Bedürfnisse, Wünsche und Gedanken besser ausdrücken kann, braucht es definitiv Mehrwortsätze. Sprache kann erst entstehen, wenn Wörter miteinander kombiniert werden. Deinem Kind wird das erst gelingen, wenn es mindestens fünfzig Äußerungen sprechen kann. Und es braucht verschiedene Wortarten, mindestens zwei davon.

Wir neigen oft dazu, nur Dinge zu benennen, die wir sehen können, also Hauptwörter (Nomen), wie zum Beispiel Ball, Schuhe, Auto, Baum oder Vogel. Lass dich hier nicht verunsichern. Wie du bereits weißt, ist es absolut wichtig für die Sprachentwicklung deines Kindes, Dinge zu benennen. Gleichzeitig braucht es mehr.

Falls es schon etwas länger her ist, dass du dich mit Wortarten beschäftigt hast, gebe ich dir hier erst einmal einen Crashkurs:

Nomen: eine Person, ein Gegenstand oder ein Ort (Oma, Ball, Spielplatz)
Verben: eine Aktion (laufen, essen, schlafen)
Adjektive: beschreiben etwas (weich, gelb, heiß, klein)
Präpositionen: Ortsangaben (auf, neben, zwischen, drinnen)
Pronomen: vertritt ein Nomen oder zeigt dir, wem etwas gehört (ich, mein, dein, sie)

Biete deinem Kind verschiedene Wortarten an. Wenn es gerade mit einem Ball spielt, reicht es irgendwann nicht mehr aus, nur noch »Ball« zu sagen. Erweitere den Wortschatz deines Kindes mit einem Verb: »Wirf den Ball!«

Hat dein Kind zwei Bälle vor sich liegen, kannst du ein Adjektiv hinzufügen: »Wirf den grünen Ball!« So lernt dein Kind, dass es um einen bestimmten Ball geht, den es werfen soll. Oder sage deinem Kind, wo es den Ball hintun soll: »Leg den Ball in die Kiste!« Dann lernt dein Kind nicht nur, was es mit dem Ball tun soll, sondern gleichzeitig auch, an welchen Ort es ihn legen soll.

Falls du bis jetzt nur eine Wortart verwendet hast: Macht nichts! Starte gleich jetzt. Denn die Verwendung von verschiedenen Wortarten hat einen Rieseneffekt auf die Sprachentwicklung deines Kindes.

Merkst du, dass dein Kind deutlich weniger als fünfzig Äußerungen benutzt, gehe einen Schritt zurück. Verwendet es nur Abkürzungen oder vereinfachte Wörter, dann versuche, den Wortschatz deines Kindes durch einzelne Wörter zu vergrößern. Biete ihm auch hier viele verschiedene Wortarten an. Im Anhang findest du dafür eine Wörterliste.

So kannst du dein Kind unterstützen, Wörter aneinanderzuhängen:

Verwende Zweiwortkombinationen, die dein Kind bereits kennt oder vielleicht sogar schon verwendet. So ist es für dein Kind leichter, diese Kombinationen von sich aus nachzusprechen.

Zeige deinem Kind, wie es geht. Verwendet dein Kind bereits einzelne Wörter, dann erweitere seine Satzlänge um ein Wort. Sagt dein Kind also »Hund«, kannst du seine Satzlänge erweitern, indem du »ein großer Hund« oder »der braune Hund« sagst. Wenn dein Kind »Auto« sagt, kannst du ihm »ein schnelles Auto« oder »Genau, das ist dein Auto« antworten.

Ganz wichtig: Auch wenn du nur einzelne Wörter verwendest, sage bitte immer auch den korrekten Artikel dazu. Mir wäre es zu wenig, wenn du »brauner Hund« antwortest. Dein Kind kann sich somit gleich den korrekten Artikel zum Wort abspeichern und die Grammatik ohne Schwierigkeiten lernen.

Um dein Kind bei Mehrwortkombinationen zu unterstützen, kannst du Wörter mit Gesten begleiten. Wenn du also ein Wort sprichst, verwende dazu eine passende Geste, die die Satzlänge erweitert. Zum Beispiel zeigst du auf den Kühlschrank und sagst »auf«, oder du zeigst auf ein Buch und sagst »lesen«.

Verwende Wörter im richtigen Kontext und zum richtigen Zeitpunkt. Zeige deinem Kind den Gegenstand, den du benennst, oder führe die Handlung genau zu dem Zeitpunkt aus, zu dem du das Wort sagst. Wenn dein Kind zum Beispiel seine Puppe ins Bett legt, sage »Gute Nacht« oder »ich schlafe«, und lege dann deine gefalteten Hände an dein Gesicht und schließe die Augen, um deinem Kind zu zeigen, was dieses Verb meint.

Du bist im Moment und dir fallen einfach keine anderen Wortarten ein? Betrachte erst einmal den Gegenstand. Überlege dir, was man mit ihm machen kann, wie er sich anfühlt oder wem er gehört.

Positive Sprache

Denke jetzt bitte nicht an einen rosa Elefanten! Na, an was hast du gerade gedacht? Du kannst jede Schublade aufmachen, nur diese nicht – upsi, welche würdest du gerne aufmachen?

Wir wissen, dass es für Kinder anfangs leichter ist, kurze, einfache Sätze zu verarbeiten. Auch Wörter, zu denen sie schon Vorstellungen aufgebaut haben, können sie leichter verstehen. Hast du dich auch immer gefragt, wieso dein Kind genau das tut, was du *nicht* von ihm willst? Das Wort »nicht« hat insbesondere für kleine Kinder noch keine Bedeutung.

Dein Kind krabbelt auf den Blumentopf zu und du rufst: »Nicht die Erde aus dem Topf nehmen.« Dein Kind hört: Erde aus dem Topf nehmen.

Dein Kind sitzt vor der Steckdose und du rufst: »Nicht die Finger in die Steckdose stecken.« Dein Kind hört: Finger in die Steckdose stecken.

Sag deinem Kind lieber, was es tun soll, anstatt, was es nicht tun soll. Positive Sprache hilft deinem Kind, Sprache besser zu verstehen. Das hat nichts damit zu tun, dass du dein Kind in Watte packen und nur das Schöne und Positive in der Welt sehen sollst. Sondern damit, dass Kinder positiv formulierte Sätze schneller verarbeiten können. Um Verneinungen zu verarbeiten, braucht unser Gehirn zwei Gedankenschritte. Bei »Nicht den Sand werfen« denken wir zuerst an »Sand werfen«. Erst als nächsten Schritt erfassen wir das »Nicht«. Sagst du deinem Kind einen Satz mit »nicht« oder »nein«, muss es erst einmal herausfinden, was es denn eigentlich tun soll. Das erfordert einen zusätzlichen Gedankenschritt. Statt »nicht den Sand werfen« könntest du also sagen: »Sand auf den Boden legen«, oder: »Der Sand bleibt in der Sandkiste«, oder: »Den Sand in den Kübel geben.«

Meistens fällt uns genau in solchen Situationen, in denen wir eine gute Alternative brauchen, nichts ein. Wie oft ist es mir schon so ergangen. Ich sehe mein Kind mit Sand in der Hand auf ein anderes zulaufen und rufe: »NIIIICHT den Sand werfen!« Doch keine Sorge, dein Kind wird nicht nur einmal mit dem Sand schmeißen. Überlege dir in diesem Moment, was du gerne von deinem Kind gehabt hättest. Was wolltest du, das dein Kind stattdessen mit dem Sand tut? Nutze diesen Satz beim nächsten Mal. Übung macht den Meister.

Hier habe ich dir ein paar Alternativen aufgeschrieben, damit dein Kind beim nächsten Mal gleich weiß, was es eigentlich tun soll. Was kannst du sagen?

Nicht laufen!	**Bitte gehen! Füße bleiben am Boden! Füße sind zum Gehen da! Langsam gehen!**
Nicht hauen!	**Hände weg! Hände bleiben bei dir. Sanft streicheln. Ganz behutsam.**
Nicht treten!	**Füße weg. Füße bleiben am Boden. Stampfe mit den Füßen. Wir gehen mit den Füßen.**
Nicht beißen!	**Mund zu. Hier hast du eine Karotte. Du kannst in das Brot beißen. Zähne weg.**
Nicht schreien!	**Leise sprechen. Flüstersprache. Sprich leise.**
Nicht klettern!	**Bleib am Boden. Füße bleiben am Boden. Bleib bei mir stehen.**
Nicht werfen!	**Gut festhalten. Wirf den Ball. Teller loslassen. Stell das Glas auf den Tisch.**

Nicht spucken! **Spucke bleibt im Mund. Spucke in das Waschbecken. Mund zu.**

Positive Sätze sind oft klarer und direkter, sodass dein Kind sofort versteht, was du von ihm möchtest. Du konzentrierst dich auf das, was du möchtest, statt auf das, was du nicht möchtest. Missverständnisse werden vermieden, und dadurch, dass dein Kind weiß, was es tun soll, ist es motiviert und sein Selbstbewusstsein wird gestärkt. Da du dich nicht auf Verbote konzentrierst, schaffst du eine gute Basis für eine kooperative Atmosphäre. Du und dein Kind arbeiten zusammen, um gemeinsame Ziele zu erreichen.

6

Die Zeit bis zum Vorschulalter

Ist es nicht unglaublich, was dein Kind bis hierher schon alles gelernt hat? Vor einigen Monaten kamen die ersten Worte, und auf einmal steht dein kleiner Sprachheld oder deine kleine Sprachheldin vor dir und spricht in ganzen Sätzen mit dir. Der größte Teil der Sprachentwicklung ist mittlerweile abgeschlossen. Deshalb lassen sich die folgenden Lebensjahre ab dem dritten Geburtstag bis zum Vorschulalter in diesem Kapitel auch so gut zusammenfassen: Das Wichtigste ist gewissermaßen schon passiert.

Dein Kind spricht noch nicht so, wie du das gerne hättest? Das macht nichts. Es muss das ab dem dritten Geburtstag nicht perfekt tun. Bis hierhin hat dein Kind aber grundsätzlich gelernt, Laute aneinanderzureihen und zu Wörtern zu formen. Es hat gelernt zu verstehen, was diese Wörter bedeuten, um diese auch korrekt einzusetzen und ganze Sätze zu bilden.

Ich möchte dich an dieser Stelle noch einmal an meinen ultimativen Sprachfördertipp erinnern: fünfzehn Minute ungeteilte Aufmerksamkeit für dein Kind. Stelle den Timer und fokussiere dich voll und ganz auf dein Kind. Anfangs können es auch nur ein paar Minuten sein. Versuche, die Zeit der ungeteilten Aufmerksamkeit für dein Kind zu steigern. Nutzt die Zeit zum Malen, Spielen, Kochen oder Plaudern. Nimm dein Kind erst zu dir, höre ihm aufmerksam zu, zeige Interesse, korrigiere es nicht und lass es aussprechen.

Dein Kind im vierten Lebensjahr

Manchmal fühlt es sich so an, als ob dein Kind alles verstehen würde, was du sagst. Wenn ich mit meinem Mann spreche und meine Tochter mich plötzlich groß ansieht und fragt: »Warum hat der das gesagt?«, bin ich oft sehr überrascht und muss mich selbst daran erinnern, dass sie wirklich schon sehr viel versteht und ich besser darauf achten möchte, was ich vor ihr sage. Tatsächlich kann dein Kind jetzt schon Sätze mit mehreren Informationen verstehen und auch immer mehr Gegenstände identifizieren. Das, was dein Kind versteht, ist nicht mehr an die aktuelle Situation gebunden. Es kann nun auch über Situationen sprechen, die nicht gerade passieren, und auch über Personen, die gerade nicht anwesend oder zu sehen sind.

Zeitangaben

Vielleicht hast du schon gemerkt, dass dein Kind nun mit Zeitbegriffen wie »dann«, »nachdem« oder »zuerst« etwas anfangen und sie verstehen kann. Manchmal fällt es Kindern aber noch schwer, Zeitangaben wie gestern, morgen oder übermorgen zu verstehen. Nutze Angaben, die dein Kind verstehen kann. Statt zu sagen: »Übermorgen fahren wir zur Oma«, versuche es lieber mit: »Noch zweimal schlafen, dann fahren wir zur Oma.« So kann ein Kind sich besser vorstellen, wann es so weit ist.

Hilfreich können auch »Kalender« sein. Dazu brauchst du keinen Jahreskalender. Male zum Beispiel sieben Vierecke auf ein Papier, um eine Woche zu veranschaulichen. Dein Kind darf jeden Tag eines abhaken, durchstreichen oder anmalen. Wenn ein Elternteil beispielsweise länger unterwegs ist, könnte man vier Kästchen aufmalen, und jeden Tag darf dein Kind eines durchstreichen oder anmalen, bis Papa oder Mama wieder da ist. So kann dein Kind mehr mit Zeitangaben anfangen.

Mein absoluter Favorit sind allerdings Wochenpläne, die es mittlerweile in vielen verschiedenen Formen und Materialien gibt. Als mein Sohn noch jünger war, fragte er mich oft: »Muss ich heute in den Kindergarten?«, oder: »Ist heute Wochenende?« Um ihm mehr Struktur zu geben und ein besseres Verständnis für die Zeit zu entwickeln, nutze ich mit meinen Kindern gerne Magnetplaner. Wir haben für jeden Wochentag einen Magneten und mittlerweile auch für alle Freizeitbeschäftigungen, außerdem für Schul- und Haushaltsaufgaben. Jeden Sonntag setzen wir uns zusammen und legen den Plan. Ein Pfeil markiert uns, an welchem Tag wir uns befinden und welche Aktivitäten nach der Schule oder dem Kindergarten geplant sind. Dies hat meinen Kindern sehr geholfen, ihre Woche zu organisieren und auch zu verstehen.

Wortschatz

Will dein Kind immer wieder das gleiche Buch anschauen oder immer wieder das gleiche Rollenspiel spielen? Wiederholungen helfen deinem Kind, sich Wörter besser einzuprägen. Nutze eure tägliche Routinen, um dein Kind in seiner Sprachentwicklung zu unterstützen. Kehren Tätigkeiten im Alltag immer wieder, und verwendest du dabei immer die gleichen Wörter oder Phrasen, unterstützt dies dein Kind, neue Wörter zu lernen.

Dein Kind verwendet nun etwa tausend Wörter aktiv und sein Wortschatz steigt von Tag zu Tag. Es spricht nun nicht mehr nur Hauptwörter, wie zum Beispiel Ball, Haus oder Auto, sondern auch Wörter aus anderen Wortfamilien. Es kann dir beschreiben, was jemand tut, wie etwas aussieht oder wem etwas gehört. Je mehr Wörter dein Kind sagt, desto länger werden auch seine Sätze. Es verwendet nun Sätze mit mehreren Wörtern. Durch den steigenden Wortschatz kann dein Kind dir nun auch schon kurze Geschichten aus dem Alltag erzählen. Es berichtet dir von Dingen, die es erlebt oder gesehen hat, aber auch von Dingen, die wir manchmal nicht wirklich zuordnen können. Sei interessiert, aufmerksam und frage nach. Vermeide Fragen, auf die dein Kind mit ja und nein antworten kann. »Möchtest du Müsli?« »Willst du mit dem Ball spielen?« Nutze lieber offene Fragen wie zum Beispiel: »Was hat die Pädagogin dann gemacht?«, oder: »Wie ging es dir dabei?« So regst du dein Kind an, über bestimmte Situationen und auch seine Gefühle nachzudenken. Gerne nutze ich auch Fragen wie:

»Was war das Lustigste, das heute passiert ist?«

»Wann hast du heute so richtig gelacht?«

»Mit wem hast du heute am liebsten gespielt?«

»Wer hatte heute das schönste T-Shirt an?«

»Was hat dich heute richtig wütend gemacht?«

»Was war das beste Spiel heute?«

Weil wir gerade bei Gefühlen sind: Dein Kind beginnt nun, sich in andere hineinzuversetzen. Es erkennt, dass es andere Gefühle und Bedürfnisse hat als seine Mitmenschen. Achtung, dein Kind fängt gerade erst an zu verstehen, wie es anderen geht. Sprich mit ihm über seine eigenen, aber auch andere Gefühle: »Wie ging es dir, als dir das Kind die Schaufel weggenommen hat? Warst du sauer?«, oder: »Was denkst du, warum hat der

Junge geweint? Denkst du, er war wütend?« So gibst du deinem Kind Worte, zeigst ihm aber auch, wie andere sich fühlen.

Grammatik

Mit steigender Satzlänge muss dein Kind nun auch seine Grammatik anpassen. Meistens kann es das Verb schon an die Person anpassen, zum Beispiel: ich gehe, er geht, wir gehen. Und es verwendet die Mehrzahl schon häufig korrekt, zum Beispiel: die Autos, die Blumen und die Kühe.

Sei bitte unbesorgt, falls die Grammatik deines Kindes noch nicht zu hundert Prozent korrekt ist. Dein Kind hat gerade erst sprechen gelernt und jetzt geht es an den Feinschliff. Oft ist es nicht so einfach, die falsch verwendete Grammatik deines Kindes unauffällig zu »verbessern«. Nutze auch hier die Methode des korrektiven Feedbacks, die ich dir im Kapitel *Dein Kind im zweiten Lebensjahr* näher vorgestellt habe.

Wenn dein Kind dir mitteilt: »Er ist da hingegingt«, kannst du einfach nachfragen: »Wo ist er denn hingegangen?« So hört und lernt dein Kind die korrekte Form, wird dabei aber nicht in Verlegenheit gebracht oder unter Druck gesetzt. Dein Kind wird die korrekten Grammatikregeln noch oft genug hören, denn es wird dich jetzt auch vermehrt »Warum?« fragen. Dieses Warum-Fragealter hat schon viele Eltern in den Wahnsinn getrieben. Natürlich will dein Kind mehr über seine Umwelt erfahren. Doch hast du gewusst, dass es Warum-Fragen auch stellt, um die richtige Grammatik zu hören und lernen? Wenn dein Kind dich also fragt: »Warum ist die Katze weggelaufen?«, antwortest du wahrscheinlich mit: »Weil sie sich ziemlich erschrocken hat.« – »Warum hat sie sich erschrocken?« – »Weil sie das Auto vorher nicht gehört hat.« Wenn du also wieder einmal im Strudel der Warum-Fragen gefangen bist, denke daran, dein Kind will lernen und kann auch absolut eine »Ich weiß es nicht«-Antwort aushalten.

Besonders beliebt sind in diesem Alter Rollenspiele, zum Beispiel Familie, Doktorspiele oder Restaurant. Durch Rollenspiele verarbeiten Kinder Erlebtes oder bereiten sich auf kommende Situationen vor. Rollenspiele erweitern den Wortschatz und das Sprachverständnis deines Kindes. Gleichzeitig lernt es, im Rollenspiel auf andere einzugehen, sich in andere hineinzuversetzen und auch Konflikte zu lösen. Im Rollenspiel muss es seine Sprache und seine Ideen an seine Mitspieler anpassen, was oft gar nicht so leicht ist. Wenn du keine Rollenspiele magst, ist das völlig in Ordnung. Sprache kann auch anders gefördert werden. Hier habe ich allerdings noch einen kleinen Geheimtipp: Friseur-, Massagesalon oder Nagelstudio können auch für uns Eltern von großem Vorteil sein. Lass dir von deinem Kind die Haare kämmen oder dir eine Massage geben. So schaffst du eine Win-win-Situation für alle.

Häufig wenden sich Eltern nun mit der Frage an mich, wann ihr Kind denn endlich alle Laute deutlich aussprechen wird. Da dein Kind jetzt mehr und vor allem längere Wörter spricht, kann es sein, dass du es häufiger nicht verstehst. Dein Kind wird in diesem Alter noch nicht alle Laute korrekt aussprechen. Wann ein Kind welchen Laut sprechen sollte, kannst du im Kapitel *Besondere Herausforderungen* nachlesen.

Dein Kind ab dem fünften Lebensjahr

Was deinem Kind vor kurzer Zeit noch schwergefallen ist, schafft es jetzt mit Leichtigkeit. Es beherrscht nun alle Grundregeln seiner Herzenssprache (Muttersprache). Trotzdem kann es in der Grammatik, in der Aussprache oder auch der Wortwahl noch zu kleinen Unsicherheiten kommen. Nutze weiterhin das korrektive Feedback. Verbessere dein Kind nicht, wenn es seine Sprache noch nicht korrekt verwendet, sondern greife Gesagtes auf und gib es in einem ähnlichen Kontext wieder oder frage nach. Dein Kind lernt nicht durch nachsprechen, sondern durch zuhören und imitieren.

Dein Kind hat jetzt schon viele grammatische Regeln erlernt und muss nun die Ausnahmen auswendig lernen. Zum Beispiel kann es die Vergangenheitsform schon korrekt verwenden: »Ich habe Ball gespielt«, sagt aber beispielsweise noch: »Ich habe Saft getrinkt.« Es kann nun schon das Verb (Aktionswort) an die richtige Stelle setzen (»Ich schieße den Ball«) und auch schon das Verb an die Person anpassen (ich gehe, du gehst, sie geht). Mehrzahlformen und Artikel werden immer sicherer verwendet. Behalte immer im Hinterkopf: Dein Kind gewinnt in der Grammatik an Sicherheit, es muss sie aber noch nicht ganz korrekt benutzen.

Dein Kind versteht nun auch komplexere Sätze wie zum Beispiel: »Bringe mir die Puppe, nachdem du die Stifte weggeräumt hast.« Sein Wortschatz wächst stetig weiter. Es kann dir nun noch besser beschreiben, wie etwas aussieht oder sich anfühlt. Es kann dir mitteilen, wer oder was am schnellsten, schönsten oder auch am größten ist. Du kannst dein Kind beim Erlernen von Eigenschaftswörtern gezielt unterstützen, indem auch du Eigenschaften von Gegenständen besonders heraushebst.

»Dein Glas ist leer, ich fülle noch etwas Wasser ein.«

»Sieh nur, der Lack des Autos ist ganz zerkratzt.«

»Fühl mal, der Hund hat ein ganz krauses Fell.«

Gib deinem Kind Zeit beim Sprechen und lass es ausreden. Stelle offene Fragen, um es zum Erzählen zu ermutigen.

»Welches Lied hat dir heute besonders gefallen?«

»Neben wem hast du beim Mittagessen gesessen?«

Euer Alltag bietet unzählige Situationen zur Sprachanregung. Kocht gemeinsam, wascht Wäsche, baut Türme, spielt Rollenspiele oder lass dir von deinem Kind ein Buch »vorlesen«. Sei ein sprachliches Vorbild und verwende selbst komplexe Sätze.

Nutze auch Sing- und Bewegungsspiele, um den Wortschatz deines Kindes zu erweitern. Dein Kind wird sich Wörter leichter merken können, wenn du es mit einer Bewegung begleitest. Nutze Bewegungslieder wie zum Beispiel *Die Räder vom Bus* oder *Unser kleiner Bär im Zoo* mit Bewegungen.

Dein Kind kann nun Zeitangaben immer besser verstehen und auch verwenden. Wir haben weit über den vierten Geburtstag hinaus unsere Tagesplaner verwendet. Kalender mit Wochentagen und Bildern von Freizeitaktivitäten können Kindern helfen, Zeitangaben wie gestern, heute und morgen besser zu verstehen. Gleichzeitig geben sie ihm die Sicherheit zu wissen, was der Tag (oder der nächste) bringt. Lass dein Kind über Erlebtes sprechen: »Kannst du dich noch an das Wochenende erinnern? Weißt du, wo wir hingefahren sind?« Bereite es auf zukünftige Erlebnisse vor: »Noch zweimal schlafen, dann gehen wir wieder turnen.«

Dein Kind wird nun beginnen, mit Sprache zu experimentieren. Es erkennt, dass Wörter nicht nur eine Bedeutung haben – dass der Becher dieses Gefäß ist, aus dem ich trinken kann –, sondern auch, dass ich das Wort »Becher« auseinandernehmen und außerhalb seiner Bedeutung betrachten kann. Es fängt mit B an, ich kann zweimal klatschen (Be-cher), in der Mitte kommt ein Geräusch, das wie Fauchen klingt. Obwohl dein Kind noch nicht schreiben kann, legt es nun den Grundbaustein für den

Schriftspracherwerb. Es wird von sich aus den Spaß am Reimen entdecken: »Komm mit mein Mausi-Lausi!« Um das Reimen zu unterstützen, kannst du im Laufe eures Alltags immer wieder Reime erfinden. Lest Reimbücher. Das letzte Wort eines Reimes wegzulassen, motiviert dein Kind, den Reim zu vollenden. Meine Kinder lieben es ganz besonders, wenn ich Reimwörter verändere. »Der Fuchs hat jetzt ein Unterhemd und trotzdem kalte Zehen. Socken in der Besenkammer? Wir werden es gleich – RIECHEN!« Noch mehr Reimideen findest du im nächsten Abschnitt. Ohne viel Druck und mit viel Spaß und Leichtigkeit kannst du dein Kind jetzt schon spielerisch auf das Schreibenlernen vorbereiten.

Besprich dich mit den Pädagogen und Pädagoginnen deines Kindes. So erfährst du, welche Themen im Kindergarten gerade behandelt, welche Lieder gesungen und welche Gedichte gelernt werden. Nutze diese Informationen, um sie in euren Alltag zu integrieren. Denn du weißt ja, je öfter dein Kind neue Wörter hört, desto leichter kann es diese abspeichern und sich merken.

Dein Kind wird jetzt meistens auch von außenstehenden Personen verstanden. Die meisten Laute und Lautverbindungen, wie FL, BR, SCHM, KN und so weiter kann es nun korrekt aussprechen und verwenden. Wird dein Kind von Außenstehenden nicht oder sehr schlecht verstanden, sprich bitte mit deinem Kinderarzt oder deiner Kinderärztin. Spricht dein Kind sehr undeutlich, bekommt es von anderen immer wieder die Rückmeldung, dass es nicht verstanden wird. Dies kann sehr frustrierend sein und vielleicht verliert dein Kind die Freude am Sprechen. Oder es möchte gar nicht mehr versuchen, sich mitzuteilen, da es weiß, dass es so oder so nicht verstanden wird. In diesem Alter kann logopädisch schon sehr gut an der Aussprache gearbeitet werden. Lies dazu mehr im Kapitel *Besondere Herausforderungen*.

Dein Vorschulkind

Wie kann das sein? Dein Kind ist doch gerade erst auf die Welt gekommen. Du hast es doch eben noch auf dem Arm gehalten und kennengelernt. Wohin sind all diese Jahre verflogen? Wo ist dein kleines Baby? Gerade hat es erst die ersten Laute von sich gegeben, und nun sollst du darüber entscheiden, in welche Schule es bald gehen wird?

Der Wortschatz deines Kindes ist jetzt wahrscheinlich schon enorm gewachsen und du kannst dich mit ihm wie mit einem Erwachsenen unterhalten. Zumindest manchmal ... Dein Kind braucht noch Zeit, um Fragen zu beantworten und dir Gegenfragen zu stellen. Seine Sprachentwicklung geht stetig voran. Es kann sich immer besser in andere einfühlen und auch andere Rollen einnehmen. Bestärke dein Kind in seiner Sprachentwicklung, indem du Interesse an seinen Erzählungen zeigst. Auch wenn es dir vielleicht völlig egal ist, dass Rubble alle Hundeknochen alleine aufgegessen hat (genau, das ist aus *Paw Patrol*), kannst du durch gemeinsame Interessen eure Verbindung stärken. Du zeigst deinem Kind, dass auch seine Vorlieben wichtig und richtig sind, und bestärkst es, sich mit dir auszutauschen.

Dein Kind beherrscht die korrekte Grammatik nun fast vollständig. Ab und zu kann es noch zu kleinen Unsicherheiten kommen. Bitte vergiss nicht: Keiner wird gerne verbessert. Nutze nach wie vor das korrektive Feedback, um deinem Kind eine positive korrekte Rückmeldung zu geben: »Ach, du meinst, er ist ganz alleine geschwommen?« Durch Gespräche mit dir hört dein Kind immer wieder die korrekte Grammatik und wird so auch ganz leicht Ausnahmen übernehmen.

Die Aussprache deines Kindes sollte nun fehlerfrei sein. Falls dies noch nicht der Fall ist, wäre jetzt der richtige Zeitpunkt, mit deiner Kinderärztin oder deinem Kinderarzt zu sprechen. Ihr habt nun noch etwas Zeit bis zum Schulstart. Dein Kind muss Laute und Lautverbindungen korrekt hören und aussprechen, um sie auch korrekt zu schreiben. Sagt dein Kind »Sule« statt »Schule«, wird es auch »Sule« schreiben.

Für mich gilt, dass vor dem Schuleintritt alle Laute korrekt gesprochen werden sollten, um dem Kind das Schreiben- und Lesenlernen so einfach wie möglich zu machen. Das bewusste Hören ist ein Meilenstein der Sprachentwicklung. Nur wenn dein Kind einzelne Laute zusammenziehen kann, kann es auch lesen, und nur wenn es einzelne Laute aus Wörtern heraushören kann, kann es sie auch schreiben. Dies alles wird dein Kind zwar erst in der Schule lernen, jedoch kannst du bereits in diesem Alter ein Verständnis für die einzelnen Laute schaffen.

Für dieses Lebensjahr kannst du alle Sprachfördertipps der letzten Jahre nutzen. Spielt, malt, kocht, tobt und lest gemeinsam Bücher. Indem du euren Alltag mit Sprache begleitest, förderst du optimal die Sprachentwicklung deines Kindes. Werde konkreter und genauer und traue deinem Kind auch »schwierige« Wörter zu.

So kannst du dein Vorschulkind konkret unterstützen:

Reimen, reimen und nochmal reimen. So führe ich Kinder an das Reimen heran. »Pass mal auf, ich habe heute zwei Wörter für dich. Du sagst mir, ob die ähnlich klingen oder nicht. Findest du, Zahn und Schwan klingen ähnlich? Ja, genau! Die klingen nicht gleich, aber fast. Hör mal Hund und Käse. Nein, das klingt ja gar nicht ähnlich.« Es gibt mittlerweile viele Übungshefte, Apps und Spiele, die dein Kind beim Reimen unterstützen.

Lass dein Kind hören, ob sich Wörter reimen oder nicht. Reimen sich Hase und Hund? Reimen sich Hase und Nase? Lass dein Kind Reimwörter finden. Was reimt sich auf Tonne? Was reimt sich auf Keller?

Kann dein Kind Reimwörter besonders gut, kannst du es Quatschreime erfinden lassen. Sonne – Tonne – Wonne – Lonne – Honne. Hase – Nase – Vase – Mase – Kase – Lase.

Lass dein Kind Wörter in Reimbüchern ergänzen. Krach, Geschepper und Gebrüll, die Echse landet auf dem ... Du wirst staunen, wie viele Reime dein Kind bereits kennt.

Laute erkennen. Um einen Buchstaben zu schreiben, muss dein Kind erst einmal den richtigen Laut zuordnen. Zum Üben eignen sich alle fließenden Laute, die man auch lange sprechen kann, wie S, F, SCH, M, N, R, L, W. Frage dein Kind, mit welchem Geräusch ein Wort anfängt. Achtung, hierbei geht es nur darum, was dein Kind hört, nicht, was es schreibt. Was hörst du am Anfang bei Sonne? Ja ein S. Und was hörst du am Anfang bei SCHal? Richtig ein SCH (dein Kind hört hier ein SCH, das S wäre der erste Laut unseres abgespeicherten Schriftbildes). Achte darauf, dass nach dem Laut ein Vokal (a, e, i, o, u) kommt, damit dein Kind den ersten Laut eines Wortes leichter erkennen kann. Schwieriger sind Konsonantenverbindungen, also zum Beispiel: Was hörst du am Anfang von FRosch? Konsonantenverbindungen sind für Kinder weniger einfach wahrzunehmen.

Silben trennen. Lass dein Kind Wörter in Silben teilen, zum Beispiel so: Schmet-ter-ling. Ihr könnt Wörter klatschen, gehen, hüpfen oder schwingen. Längere Wörter sind oft leichter zu trennen als einsilbige. E-le-fant ist leichter zu klatschen als Maus. Kinder klatschen meistens Mau-hau-haus. Starte daher mit zwei- bis dreisilbigen Wörtern. Wenn du merkst, dass dein Kind sicher darin ist, kannst du einsilbige Wörter einführen.

Lass dein Kind herausfinden, welches Wort länger oder kürzer ist. Zum Beispiel ist To-ma-te länger als Lö-we. Das Wichtigste ist, dass dein Kind Spaß dabei hat. Versuche, all diese Dinge in euren Alltag einfließen zu lassen. »Oh, ich glaube, ich habe heute das längste Wort gefunden, Ba-de-wan-ne.« Wenn dein Kind positive Erlebnisse mit Wörtern und Lauten hat, ist dies ein guter Start für den Schulbeginn.

7

Mehrsprachigkeit

Niemals hätte ich gedacht, dass meine Kinder zweisprachig aufwachsen würden. Die Familie meines Mannes und meine Familie kommen aus Österreich. Wir sprechen alle »nur« Deutsch. Wir hatten Englisch in der Schule und konnten uns gut in dieser Sprache unterhalten, aber zweisprachige Kinder? Niemals.

Das änderte sich 2021, als mein Mann seine Firma gründete. Zwei seiner Co-Founder lebten bereits in Kalifornien. Schnell merkte mein Mann, dass es schwierig war, aus Österreich für ein Produkt in Amerika zu arbeiten. Immerhin haben wir neun Stunden Zeitverschiebung. Er musste also immer spätabends arbeiten, wenn es in Kalifornien früher Morgen war, damit er sich mit seinen Kollegen austauschen konnte.

Schnell wurde uns klar, dass es so nicht weitergehen konnte. Ich hatte meine Praxis in Wien, war allerdings gerade bei meiner kleinen Tochter zu Hause. Mein Mann und ich hatten viel Unterstützung von unseren Eltern, die meinen Sohn vom Kindergarten abholten und uns auch immer für freie Abende unterstützten. Ein Traum für alle Eltern. Wir sahen gleichzeitig aber auch die Chance für unsere Kinder, eine andere Kultur und eine andere Sprache kennenzulernen, und beschlossen nach endlos langen Überlegungen, dieses Abenteuer zu wagen. Ich habe mich besonders auf dieses Kapitel meines Buches gefreut, da ich nun wirklich aus erster Hand über alle Hürden und Wunder der Mehrsprachigkeit berichten kann.

Mehrsprachigkeit ist *immer* ein Geschenk. Diesen Satz predigte ich Eltern in meiner Praxis, noch bevor ich Kinder hatte. Niemals lernt man eine Sprache mit so viel Leichtigkeit und ohne darüber nachzudenken wie als Kind.

Welche Sprache(n) soll mein Kind sprechen?

Wenn in deiner Familie Mehrsprachigkeit ein Thema ist, solltest du dir zuerst über deine Ziele im Klaren sein. Warum willst du, dass dein Kind eine bestimmte Sprache beherrscht? Willst du ein Stück eurer Familienkultur weitergeben? Willst du, dass dein Kind sich gut in der Geschäftswelt zurechtfindet? Willst du, dass dein Kind sich mit den Großeltern unterhalten kann? Jede Familie ist ganz individuell und hat ganz eigene Themen, die sie als Familie ausmachen.

Mein Familienmodell ist, dass wir zu Hause nur Deutsch sprechen. Unsere Umgebungssprache ist aber Englisch. Das heißt in meinem Fall, mein Sohn geht in eine englischsprachige Schule und meine Tochter in einen englischsprachigen Kindergarten. Englisch ist am Spielplatz, im Supermarkt, beim Nachmittagsprogramm immer präsent. Würde mein Mann eine andere Sprache sprechen, wäre unser Familienmodell ein anderes. Viele meiner deutschen Freundinnen in den USA haben einen amerikanischen Mann. Das heißt, sie sprechen mit ihren Kindern Deutsch, also ihre Erstsprache. Ihre Familiensprache und die Umgebungssprache ist aber Englisch. Manche Kinder gehen zusätzlich in einen deutschsprachigen Kindergarten oder mit uns am Donnerstagnachmittag in unsere Deutschklasse.

Ich habe eine Freundin, Maria, die dreisprachig aufgewachsen ist. Sie spricht fließend Spanisch, Deutsch und Englisch. Maria ist in Deutschland aufgewachsen. Ihre Mama ist Mexikanerin, ihr Papa Deutscher. Marias Mama sprach ausschließlich Spanisch mit Maria und ihrer Schwester. Ihre Umgebungssprache war Deutsch. Mit sechzehn Jahren ist Maria mit ihrer Mama und ihrer Schwester nach Mexiko gezogen und ging dort auf eine amerikanische Schule. Mit 26 ging sie nach Amerika und ist nun mit einem Amerikaner verheiratet. Ihre jetzige Familiensprache ist Englisch. Sie spricht mit ihrem Sohn Spanisch. Er geht in einen deutschsprachigen Kindergarten. Du siehst also, kein Familienmodell ist gleich. Gleichzeitig kannst du auch sehen, wie sich verschiedene Sprachmodelle verändern können. Dein Familienmodell muss nur für deine Familie und dich passen.

Überlegt euch von Anfang an als Familie, wie euer Familiensystem aussehen kann.

Diese kleine Checkliste kann dir dabei helfen.

- Wer spricht welche Sprache? Mama, Papa, Oma, Opa, Tante, Onkel, Freunde?
- Welche Sprache wird als Familiensprache gewählt?
- Welche Sprache wird in der Umgebung gesprochen?
- In welcher Sprache wird mein Kind von anderen betreut? Wie sprechen Au-pair, Babysitter oder Babysitterin, Pädagog*innen in Kindergarten oder Schule mit ihm?
- Welche Sprache will ich an mein Kind weitergeben?

Eine Empfehlung von mir: Wenn du willst, dass dein Kind eine Sprache beherrscht, dann gib deine Sprache von Anfang an deinem Kind weiter. Du fragst dich vielleicht, ob es nicht zu früh ist, mit deinem Neugeborenen in mehreren Sprachen zu sprechen. Oder ob es dein zweijähriges Kind nicht überfordert, drei Sprachen zu Hause zu hören? Nein. Es ist nie zu früh, um mit mehreren Sprachen zu beginnen. Gleichzeitig ist es auch niemals zu spät, um mit einer neuen Sprache zu starten. Hast du dich nicht getraut, deinem Kind deine Herzenssprache weiterzugeben? Den Zeitpunkt einfach verpasst? Der richtige Zeitpunkt ist jetzt. Dein Kind wird deine Sprache nicht sprechen oder verstehen, wenn es keinen Input bekommt. Also trau dich!

Lass dich bitte nicht verunsichern. Das kindliche Gehirn funktioniert ganz anders als das von uns Erwachsenen. Es gibt für Kinder keine schwere oder leichte Sprache. Das ist ja auch das Tolle daran, wenn ein Kind mit mehreren Sprachen aufwächst. Es muss sie nicht in dem Sinn »lernen«, wie wir das kennen. Das Großartige ist, dein Kind schnappt die Sprache wie nebenbei einfach auf. Es imitiert dich.

Auf den Input kommt es an. Je öfter und je mehr dein Kind eine Sprache zu hören bekommt, desto eher wird es diese Sprache auch aktiv nutzen. Das habe ich selbst erfahren. Als ich mit meiner Familie nach Amerika gezogen bin, war ich in großer Sorge: Mein Sohn war fast sechs Jahre und sprach fließend Deutsch. Er würde in Kalifornien nach zwei Monaten mit der Schule starten und konnte kein Wort Englisch. Wie sollte er das nur jemals lernen? Wie sollte er mit seinen Mitschülern und Mitschülerinnen mithalten? Wir schauten also englische Filme an, und ich las englische Bücher (eher recht als schlecht, da Englisch einfach nicht meine Erstsprache ist), was er nicht so prickelnd fand, da er natürlich nichts verstand. Also wurde dieses Projekt recht schnell wieder beendet.

Und jetzt verrate ich dir etwas: Die ganzen Sorgen und Vorbereitungen waren umsonst. Innerhalb der ersten sechs Monate in den USA verstand er fast alles und sprach mit jedem. Er bekam so viel englischen Input aus seinem Umfeld, dass es nicht mehr brauchte. Sieben Stunden täglich in der Schule, auf dem Spielplatz, beim Schwimmunterricht, im Supermarkt, bei den Geburtstagen seiner Freunde und Freundinnen. Englisch war immer präsent. In unserem Familiensystem war es also viel wichtiger, den deutschen Input so groß wie möglich zu halten. Welchen Input dein Kind bekommt, ist genauso wichtig wie die Menge an Input.

Schreibe dir am besten über mehrere Wochen eine Liste, wie viele Stunden dein Kind täglich welche Sprache hört. Daran kannst du gut erkennen, in welcher Sprache der größte Input liegt und in welcher Sprache es einfach mehr braucht.

Versuche, ein Gleichgewicht zu schaffen. Für mich bedeutet dieses Gleichgewicht, deutsche Bücher vorzulesen und Filme auf Deutsch zu schauen. Ich will, dass meine Kinder ihren Wortschatz erweitern, und das geht nur, indem ich ihnen neue Wörter mehrmals täglich anbiete.

Das kannst du dir merken:

- Je mehr Input du deinem Kind in einer Sprache gibst, desto eher wird es diese auch verstehen und sprechen.
- Schaffe ein vielfältiges Sprachangebot, zum Beispiel durch Bücher oder digitale Medien in einer anderen Sprache.
- Nutze Kurse oder Programme, um dein Kind in seiner Mehrsprachigkeit zu unterstützen.

- Triff dich mit Leuten, die die gleiche Sprache sprechen.
- Organisiere dir einen Babysitter oder eine Babysitterin, der/die ebenfalls diese Sprache spricht.

Hilfe, ich mische die Sprachen!

»Möchtest du noch mehr *bubbles*?«, sage ich zu meiner Tochter. Hupsi! »Seifenblasen«, wiederhole ich, »Seifenblasen!« Seit sie sprechen kann, verwendet sie das Wort *bubbles* für Seifenblasen und mittlerweile habe ich es einfach übernommen. Rate doch mal, was sie mir gibt, wenn ich sie um die »Seifenblasen« bitte? Richtig, die Seifenblasen. Kannst du dich noch erinnern? Wir verstehen, noch bevor wir es sprechen können. Und genauso ist es auch bei der Mehrsprachigkeit. Sie kennt das Wort Seifenblasen, nutzt wahrscheinlich aber das englische Wort *bubbles*, da sie es leichter aussprechen kann oder weil sie es auch einfach viel häufiger auf Englisch hört. Den Grund dafür weiß ich nicht. Es ist einfach so und das ist auch okay.

Ich erwische mich auch immer häufiger dabei, meine Grammatik an die englische anzupassen. So rufe ich dann auf Deutsch über den ganzen Spielplatz »fünf mehr Minuten« und irgendwas kommt mir an diesem Satz spanisch vor. Lass dich nicht verunsichern. Nur weil du die Sprachen mischst, heißt das nicht, dass dein Kind sie nicht korrekt sprechen wird. Auch hier kommt es auf den Input an. Versuche, so gut es dir möglich ist, die Sprachen zu trennen. Lass dich dadurch aber nicht unter Druck setzen und bitte verzichte dadurch schon gar nicht auf eine deiner Sprachen.

Hier kommen noch ein paar mehr Ideen für sprachlichen Input:

- Bücher
- Hörbücher
- Filme
- Eltern-Kind-Kurse
- Facebook-Gruppen
- Kindergarten/Kindertagesstätte
- Babysitter/Nanny/Au-pair
- Apps
- Telefonate mit Familienmitgliedern

Mythencheck

Die Mehrsprachigkeit ist schuld, dass dein Kind nicht spricht.

Nein. Es ist ein weitverbreiteter Mythos, dass mehrsprachige Kinder später sprechen als einsprachige. Natürlich lernen mehrsprachige Kinder Sprache anders als einsprachige, sie erreichen jedoch die gleichen Meilensteine. Ich denke, dass dieser Mythos darauf beruht, dass mehrsprachige Kinder Wörter oft in beiden Sprachen beherrschen. Gerade wenn es an die Menge der Wörter geht, die ein Kind sprechen soll, dürfen bei mehrsprachigen Kindern die Wörter aller Sprachen gezählt werden. Sagt das Kind also »spoon« und »Löffel«, beherrscht das Kind zwei Wörter. Würde man nur die Wörter einer Sprache zählen, wären es natürlich viel weniger als bei einem einsprachigen Kind.

Hilfe, mein Kind antwortet mir nicht in meiner Sprache

Dass dein Kind dir in einer Sprache antwortet, kann folgende Gründe haben:

1. Dein Kind hat in dieser Sprache mehr Wörter zur Verfügung.
2. Dein Kind fühlt sich in dieser Sprache sicherer.
3. Dein Kind kann in dieser Sprache besser seine Gefühle ausdrücken.
4. Dein Kind hat etwas in dieser Sprache erlebt und kann es deshalb leichter in ihr wiedergeben.

Regel Nummer eins: Ignoriere dein Kind NICHT, nur weil es dir nicht in der gewünschten Sprache antwortet. Sprache ist Beziehung und Bindung. Ich habe im Laufe meiner therapeutischen Arbeit schon oft erlebt, dass Eltern ihr Kind zwingen, in der »richtigen« Sprache zu antworten. Ich bin der Meinung, dass hier die Beziehung zu deinem Kind klar im Vordergrund steht. Diese Sprache, die dir wichtig ist, soll dich mit deinem Kind verbinden und dich nicht von ihm entfernen. Auch wenn es dir in einer anderen Sprache antwortet, kannst du daraus schließen, dass dein Kind dich verstanden hat. Verstehen kommt vor dem Sprechen.

Was kann mein Partner oder meine Partnerin tun?

Manchmal gibt es den Fall, dass ein Elternteil die Sprache, die das andere mit dem Kind spricht, nicht beherrscht. Soll er oder sie trotzdem mit dem Kind diese Sprache sprechen? Ich sage:

Ja, wenn er es will, auf jeden Fall. Viele englischsprachige Ehepartner meiner Freundinnen lesen ihren Kindern Bücher auf Deutsch vor. Sie verstehen oft nicht, was sie lesen, und sprechen auch Wörter falsch aus. Sie kommen jedoch mit ihren Kindern in Austausch: »Papa, das heißt doch ›schön‹!«

Der Gedanke hinter dem Sprechen der anderen Sprache, obwohl man sie nicht perfekt beherrscht, ist der, dass er deinem Kind zeigt, dass du und dein*e Partner*in ein Team seid und ihr beide die Mehrsprachigkeit unterstützt. Dein*e Partner*in zeigt somit euren Kindern, dass er/sie sich auch für deine Sprache (und deine Kultur) interessiert und ihr euch absolut positiv gegenübersteht. Wenn dein*e Partner*in das aber nicht möchte, heißt das nicht, dass er/sie die Mehrsprachigkeit nicht unterstützt. Er/sie kann auf andere Weise zeigen, dass er/sie mehreren Sprachen positiv gegenübersteht, in dem ihr zum Beispiel Feste der jeweiligen Kultur feiert, Speisen aus anderen Ländern kennenlernt, euch an Bräuchen beteiligt.

Wenn du deine Sprache an dein Kind weitergeben willst, dein*e Partner*in sie aber nicht oder nur wenig versteht und spricht, kann dich diese Situation in ein Dilemma bringen. Du willst ihn/sie an den Gesprächen mit deinem Kind teilhaben lassen, fühlst dich aber in einer anderen Sprache wohler, willst ihn gleichzeitig nicht ausschließen. Sprich mit deine*m Partner*in: Wie erlebt er/sie solche Situationen? Empfindet er/sie es als unangenehm, nichts zu verstehen? Möchte er/sie gerne einbezogen werden? Ist es für ihn/sie okay, dass du gerade in deiner Sprache bleibst? Sprecht darüber. Denn auch hier sind Familiensysteme ganz unterschiedlich.

8

Medien

Medien sind aus unserem Alltag nicht mehr wegzudenken und das gilt auch für die Welt unserer Kinder. Von Bilderbüchern über Tablets bis hin zum Fernseher – Medien sind allgegenwärtig und haben einen Einfluss auf die Sprachentwicklung. Doch wie nutzt man diese Medien sinnvoll?

In diesem Kapitel möchte ich dir zeigen, wie du Bücher und digitale Medien sinnvoll in euren Alltag integrieren kannst. Bücher spielen dabei eine besonders wichtige Rolle. Von Anfang an können sie eine wunderbare Möglichkeit sein, die Sprachentwicklung zu fördern und eine enge Bindung zwischen dir und deinem Kind aufzubauen. Ich werde dir zeigen, welche Bücher sich für welches Kind am besten eignen und wie du das Vorlesen zu einem festen und schönen Ritual machen kannst.

Du erfährst auch, wie du Bildschirmzeit optimal für euch gestalten kannst und bekommst praktische Tipps, wie du mit Medienzeiten umgehen kannst, damit dein Kind positive Erfahrungen sammelt und einen guten Umgang mit digitalen Medien erlernt.

Bücher

Ich bin der Meinung, man kann nie zu viele Bücher haben! Forscher haben ausgerechnet, dass Kinder, denen täglich von der Geburt bis zum fünften Geburtstag fünf Bücher vorgelesen wurden, 1,4 Millionen Wörter mehr gehört haben als Kinder, denen nicht vorgelesen wurde.

Nun gut, fünf Bücher schaffe ich auf keinen Fall, obwohl wir wirklich viel lesen. Doch allein bei einem Buch täglich sind es 296 660 Wörter mehr. Unglaublich, oder? Ich möchte dir in diesem Kapitel zeigen, warum Vorlesen so wichtig für dein Kind ist und wie du es zu einem richtigen Bücherwurm machst.

Viele neue Wörter erweitern den Wortschatz deines Kindes enorm. Während du ein Buch vorliest, erweiterst du nicht nur das Wissen deines Kindes, sondern es hört auch Wörter, die es im normalen Alltag nicht hören würde. Wenn ihr zum Beispiel ein Buch über Löwen in Afrika lest, lernt es Wörter wie Wüste, Hitze, Gazelle oder Steppe. Auch Bücher über Fahrzeuge, Meerestiere oder andere Kulturen sind so bereichernd für dein Kind. Dein Kind taucht in neue Welten ein. Es bekommt viele neue Informationen, erweitert sein Wissen und baut gleichzeitig seine eigenen inneren Vorstellungen auf. Es erlebt Geschichten auf seine Weise. Seine Fantasie und Kreativität werden angeregt. Während du vorliest, sieht dein Kind Bilder und stellt so Verknüpfungen zu bekannten Objekten, Erlebnissen und Erfahrungen her. Gleichzeitig wird es sich durch mehr Wörter immer besser ausdrücken und kommunizieren können.

Schaut ihr gemeinsam ein Buch an, sieht dein Kind Buchstaben und Wörter und kann so schon die erste Verknüpfung zum Lesen und Schreiben herstellen. Auch wenn es noch nicht lesen kann, wird es schnell Buchstaben erkennen. Es wird neugierig werden und sich so eher fürs Lesen- und Schreibenlernen interessieren. Besonders Bücher mit Reimen können das unterstützen. Während du vorliest oder dein Kind auch allein durch das Buch blättert, lernt es, sich auf eine Aufgabe zu konzentrieren. Du kannst hier spielerisch und ohne Druck die Aufmerksamkeitsspanne und Konzentration deines Kindes steigern. Es lernt, bei einer Sache zu bleiben.

Bücher mit diversen oder kritischen Themen finde ich sehr wertvoll. Dein Kind lernt so verschiedene Standpunkte und andere Sichtweisen kennen. Du zeigst ihm, wie Konflikte entstehen, und gleichzeitig auch, wie sie gelöst werden können. Es lernt, andere besser zu verstehen, sich in seine Mitmenschen hineinzuversetzen und ihnen empathischer gegenüberzutreten.

Während ihr eng aneinander gekuschelt ein Buch anschaut, stärkst du die Bindung zu deinem Kind. Durch die körperliche Nähe seid ihr eng in Kontakt, was deinem Kind Geborgenheit vermittelt. Somit schaffst du positive Verknüpfungen und dein Kind wird sich gerne an diese schönen Momente erinnern.

Beginne von Geburt an, deinem Baby vorzulesen. Ja, schon deinem Neugeborenen. Nutze die Zeit des Kuschelns und Lesens als Me-Time und lies deinem Baby Krimis, Romane oder Magazine vor. Es kennt deine Stimme bereits aus dem Bauch und lässt sich durch sie meistens auch schneller beruhigen. Während du Zeit für dich hast und das neueste Modemagazin oder den neuesten Krimi liest, hört dein Neugeborenes eine Menge neue Wörter und deine Stimme. Du schaffst also eine Win-win-Situation für alle.

Gleichzeitig bekommt dein Kind von Anfang »Lernen am Modell« mit. Wie oft sieht dich dein Kind mit einem Buch in der Hand? Starte also gleich und sei ein Vorbild.

Viele Eltern erzählen mir, dass ihr Kind keine fünf Minuten still sitzen bleibt. Sie kommen gar nicht zum Vorlesen, das Kind blättert nur wild durch das Buch. Manchmal hält es das Buch auch verkehrt herum. Dann kommt die Frage: Wie bringe ich mein Kind dazu, still zu sitzen?

Ich bin der Meinung, dass es nur auf das richtige Buch ankommt. Dein Kind muss nicht still sitzen. Es reicht, wenn es die Bilder immer wieder kurz betrachtet und kurz verschiedene Klappen öffnet. Lesen soll Spaß machen, und das willst du deinem Kind vermitteln. Ich möchte dir ein paar Tricks verraten.

Wie finde ich das richtige Buch? Kleine Kinder (und auch ich) bevorzugen Bücher mit Klappen, Geräuschen und Fühlelementen. Mein Favorit sind einfache Tierbücher, da Kinder zu Tieren am ehesten eine Verknüpfung herstellen können. Ich gehe zum Beispiel davon aus, dass die meisten Kinder schon einmal einen Hund, eine Katze oder einen Fisch gesehen haben. Vielleicht sind sie auch schon einmal im Zoo gewesen und kennen von dort ein paar Tiere. Am besten folgst du hier den Interessen deines Kindes. Wenn deine Tochter alle Baufahrzeuge der Baustelle kennt, eignet sich ein Buch zum Thema Fahrzeuge wahrscheinlich gut, um ihr Interesse zu wecken, aber auch zu halten.

Klappen wecken die Neugier deines Kindes auf jeden Fall. Jedes Kind will gerne wissen, was sich hinter dem Vorhang oder dem Zaun verbirgt, und wir natürlich auch. Mittlerweile gibt es auch für die Kleinsten Klappen aus Stoff, die nicht so leicht abreißen. Achte hier anfangs auf einfache und vor allem wenig Texte.

Wähle für die erste Vorleseerfahrung Bücher mit der gleichen wiederkehrenden Handlung. Zum Beispiel *Die kleine Raupe Nimmersatt*, die sich am ersten Tag durch einen Apfel frisst, am zweiten durch zwei Birnen und am dritten durch drei Pflaumen. Durch die gleiche Aktion oder den gleichen Ort fällt es deinem Kind leichter, der Handlung zu folgen.

Ich gebe es zu, Geräuschbücher sind nicht jedermanns Sache. Ich sehe jedoch immer wieder, wie Kinder viel länger bei Büchern mit Geräuschen bleiben als bei einfachen Bilderbüchern. Manche Kinder mögen es, den Knopf auf einer Buchseite zu drücken und das passende Tiergeräusch zum Bild zu hören. Auch Fühlbücher ziehen Kinder magisch an. Du kennst dein Kind am besten. Achte auf seine Vorlieben und wähle danach ein Buch aus.

Gute Bücher sind teuer? Nicht unbedingt. Nutze Bibliotheken, Flohmärkte oder auch kleine Pixi-Bücher. Frage in der Familie oder bei Freunden nach, ob sie noch alte Bücher für dein Kind haben. Tausche mit Kindergartenfreunden oder versuche es in Secondhand-Läden. Bücher zu lesen muss überhaupt nicht teuer sein.

Woher weiß ich, ob ein Buch gut für mein Kind ist? Lass dich in einem Buchfachgeschäft beraten. Verkäuferinnen und Verkäufer zeigen dir Neuerscheinungen, beliebte Klassiker und bestimmt auch ein paar geheime Lieblingsbücher. Einige Buchläden haben Listen mit den neuesten und besten Kinderbüchern. Mache dir trotzdem bitte immer dein eigenes Bild. Nur weil ein Buch ein Bestseller ist, heißt das nicht, dass es auch deinen Anforderungen entspricht. Ich folge vielen Instagram-Accounts, auf denen Bücher vorgestellt und bewertet werden. Das finde ich sehr hilfreich. Wenn du einen Kanal gefunden hast, der gut zu dir und deiner Familie passt, passen meistens auch die vorgeschlagenen Bücher.

Ich könnte stundenlang in Buchläden durch Kinderbücher blättern und vertraue meinem eigenen Urteil. Worauf ich achte, sind die Charaktere, natürlich der Inhalt und auch die Zeichnungen. Mir persönlich sind Bücher mit vielen diversen Charakteren, Personen mit verschiedenen Hautfarben, aus verschiedenen Kulturen und mit Besonderheiten sehr wichtig. Diversität regt zur Kommunikation an, ich kann meinen Kindern ihre Fragen beantworten und mit ihnen über Schwierigkeiten und Lösungsvorschläge reden.

Je nach Alter, Jahreszeit und Interessen meiner Kinder versuche ich, passende Bücher zu finden. Das heißt, für meine kleine Tochter suche ich im Frühling viele kurze, einfache Geschichten zum Thema Osterhasen, Hühner, Frühling und Blumen. Zu Weihnachten war ich für meinen Großen auf der Suche nach längeren spannenden Detektivgeschichten, deren Handlung im Winter spielt.

Hast du ein Buch gekauft und dein Kind zeigt kein Interesse daran? Macht nichts. Bewahre es gut auf und biete es deinem Kind immer wieder an. Manchmal dauert es einfach, bis der richtige Zeitpunkt für dieses Buch gekommen ist. Und manche Bücher bleiben einfach uninteressant und können vielleicht ein anderes Kind glücklich machen.

Du hast ein Buch gekauft, das dein Kind liebt. Du bist aber zu dem Schluss gekommen, dass das Buch zum Beispiel nicht

deinen Wertvorstellungen entspricht? Sprich mit deinem Kind darüber. Erkläre ihm, warum du dieses Buch nicht mehr lesen möchtest. Wenn dein Kind das Buch trotzdem immer wieder lesen möchte und du es nicht verbannen möchtest, erkläre ihm immer wieder deine Gedanken.

Hat dein Kind ein Lieblingsbuch von Tante Gundula bekommen und du findest die Handlung, Aussagen oder bestimmte Stellen nicht passend? Überklebe sie mit weißen Stickern und mach euer eigenes Buch daraus. Mein Mann und ich haben zu unserer Hochzeit ein Buch von einer Prinzessin bekommen. Der Kopf der Prinzessin wurde mit meinem Foto überklebt und der Name immer mit meinem überschrieben. Ratet mal, welches das Lieblingsbuch beider meiner Kinder ist? Sie glauben jetzt übrigens immer noch, dass ich eine Prinzessin bin ...

Musst du dein Kind immer zum Lesen animieren? Dann kann es vielleicht daran liegen, dass die Bücher für dein Kind nicht gut zugänglich sind. Achte darauf, dass das Bücherregal auf Augenhöhe deines Kindes ist. Kinder sind sehr visuell, sie können sich die Farben der Buchrücken gut merken. Leichter ist es jedoch, wenn dein Kind das Buch von vorne sieht. Dazu eignen sich besonders Wandschienen, um die Bücher mit dem Titel nach vorne hinzustellen. So hat dein Kind einen guten Überblick und bekommt vielleicht doch einmal Lust, von selbst in einem Buch zu blättern.

Wie sitzen wir am besten beim Vorlesen? Mein Geheimtipp: Anstatt dein Kind auf deinem Schoß sitzen zu haben, kannst du es auch anders versuchen. Besonders bei Babys eignet sich folgende Position: Stelle deine Knie auf und lege dein Baby mit dem Rücken auf deine Oberschenkel. So kann dein Baby nicht nur das Buch sehen, sondern auch deinen Mund, deine Mimik und deine Gestik. Ältere Kinder kannst du auf das Sofa setzen und du machst es dir am besten davor bequem. So sind du und dein Kind auf Augenhöhe und es sieht auch hier deinen Mund, deine Mimik und Gestik. Gleichzeitig siehst auch du, woran dein Kind Interesse gefunden hat und kannst so gut auf dein Kind eingehen. Auch der Hochstuhl stellt eine gute Alternative dar. Der Hochstuhl gibt deinem Kind Struktur und durch die Begrenzung betrachtet es ein Bilderbuch länger.

Wie gewinne ich die Aufmerksamkeit meines Kindes, wenn es noch nicht lange zuhört? Kinder haben nur eine geringe Aufmerksamkeitsspanne. Alle Texte in einem Buch vorzulesen, dauert ihnen oft viel zu lange. Den vielen Wörtern und Sätzen zu folgen, kann eine große Herausforderung sein. Geschichten haben eine andere Sprache als ein persönlicher Dialog. Mach es kurz und knackig. Schaut euch lieber die Bilder an und mache deine eigene Geschichte daraus. Mittlerweile kann ich dir auch einige Bilderbücher ohne Text empfehlen. Eine Liste findest du im Anhang. So könnt ihr euch die Bilder gemeinsam anschauen und auch die Geschichte gemeinsam erzählen. Dein Kind kann Fragen stellen und du kannst die Geschichte je nach Lust, Laune und Zeit länger ziehen oder auch abkürzen (sehr hilfreich, wenn gerade Schlafenszeit ist).

Mit steigendem Alter deines Kindes kann auch die Textlänge steigen. Auch die Inhalte dürfen komplexer werden, denn du weißt ja bereits: Je mehr Wörter dein Kind hört, desto besser wird es sich ausdrücken und kommunizieren können. Nutze die Gelegenheit der Sprachförderung und lass dir die Geschichte von deinem Kind noch einmal nacherzählen: »Weißt du noch, warum das Mädchen ausgelacht wurde? Wen wollte sie in dem Theaterstück spielen? Was denkst du, wie hat sie sich gefühlt?«

Und zu guter Letzt: Hast du schon einmal einem Vortrag gelauscht, dessen Sprecher mit einer monotonen Stimme ohne viel Emotion gesprochen hat? Man ist nicht aufmerksam, kann sich nicht konzentrieren, wird müde und möchte am liebsten nur weg. Genauso ist es beim Vorlesen. Mache deine Geschichte lebendig. Sprich mit einer melodischen Stimme und betone Wörter übertrieben. Setze bewusste Pausen ein, um die Spannung zu steigern. Gerade bei Klappbüchern ist eine kurze Pause vor jeder Klappe ein Muss. Der beste Tipp, um deine Charaktere zum Leben zu erwecken, ist es, seine Stimme zu verstellen.

Eine meiner großen Leidenschaften sind, wie du jetzt schon weißt, Reimbücher. Reimbücher sind eine tolle Möglichkeit der Sprachförderung, da sie beim Lesen einen regelmäßigen Rhythmus mit starken Betonungen erzeugen. Gleichzeitig sind Reime eine tolle Vorbereitung auf den Schulstart. Wenn du ein Reimbuch bereits mehrere Male vorgelesen hast, lasse das letzte Wort weg und warte, ob dein Kind es sprechen kann. Großartig. Kommt noch nichts von deinem Kind? Warte einen Augenblick aufmerksam und sieh dein Kind erwartungsvoll an. Forme mit deinen Lippen schon stumm den ersten Laut. Kommt noch immer nichts, betone das Lösungswort und ziehe es etwas in die Länge: MÜÜÜLLL. Du wirst staunen, wie viele Wörter dein Kind bald bereits sprechen kann!

Digitale Medien

So sehr ich mich auf den Abschnitt über Bücher gefreut habe, so viel Respekt hatte ich vor diesem über digitale Medien. Ich glaube, kein Thema ist in Bezug auf Kindesentwicklung so umstritten wie digitale Medien. Was heißt heiß umstritten? Manche Eltern verbannen sie komplett. Andere sagen: Digitale Medien gehören einfach in unsere Welt. Und wieder andere Eltern sind der Meinung: Uns hat es doch auch nicht geschadet. Mir ist wichtig zu betonen, dass ich dieses Kapitel absolut wertfrei und nicht mit erhobenem Zeigefinger schreibe. Ich werde dir von Fakten berichten, von meiner Meinung, aber auch von Wegen, die vielleicht für dich passend sind.

Jedes Kind reagiert anders

Was sind digitale Medien? Zu digitalen Medien zählen Handy, Tablet, Fernseher, Computer, Hörspiele und Hörbücher. Im Internet findest du die unterschiedlichsten Medienzeit-Empfehlungen für viele Altersklassen. Ich bin mir nicht sicher, ob pauschale Alters- und Zeitangaben der richtige Parameter für die Nutzung digitaler Medien sind. Jedes Kind reagiert nach meiner Beobachtung anders auf die Reize der digitalen Welt. Ich denke, dass es viel wichtiger ist, wie dein Kind auf Medien reagiert beziehungsweise wie es die Inhalte verarbeiten kann. Achte daher besonders auf die Reaktionen deines Kindes nach dem Konsum digitaler Medien. Wie verhält es sich? Kann es sich in ein Spiel vertiefen oder findet es nicht hinein? Braucht es Bewegung? Läuft es durch eure Wohnung? Oder merkst du keinen Unterschied?

Ich komme gerade mit meiner Tochter vom Arzt. Während wir auf den Termin gewartet haben, sah ich das Plakat für die Empfehlungen von Mediennutzung. Ich staunte nicht schlecht. Laut Liste unseres Arztes wird vor zwei Jahren keine Medienzeit empfohlen, ab zwei Jahren maximal eine Stunde. Auch die Weltgesundheitsorganisation empfiehlt keine Mediennutzung unter zwei Jahre. Im Internet findest du die unterschiedlichsten Angaben, von dreißig Minuten bis hin zu zwei Stunden. Für meine Kinder passen die für sie angegebenen Zeitempfehlungen leider überhaupt nicht. Ich merkte das nicht nur an dem Verhalten nach dem Medienkonsum, sondern auch an ihren Gedanken, die nur noch nach digitalen Medien schrien: »Darf ich nochmal?«, »Bitte noch einmal zehn Minuten«, »Wann darf ich wieder ans Tablet?« Es kam der Zeitpunkt, an dem ich einfach nicht mehr diskutieren wollte. Diese ständigen Gedanken und Gespräche über Tablet und Fernseher waren für mich nicht mehr auszuhalten. Ich war diese täglichen Diskussionen so leid, dass mein Mann und ich beschlossen, dass es bei uns unter der Woche keine digitalen Medien gibt außer Hörbücher. Warum ich Hörbücher zuließ, erzähle ich dir gleich. Mein Mann meinte damals: »Du betreust die Kinder nachmittags, es ist deine Entscheidung, ich kann es absolut verstehen, wenn auch du deine Pausen brauchst.«

Und auch das möchte ich dir auf den Weg mitgeben. Viel wichtiger als die abgezählten Minuten, die dein Kind vor digitalen Medien verbringt, ist, dass es dir gut geht. Nur wenn es dir gut geht, kannst du die Mutter oder der Vater sein, die oder den dein Kind braucht. Und wenn das heißt, dass dein Kind eine Stunde fernsieht, während du deinen Kaffee in Ruhe trinken willst, ist das absolut in Ordnung. Meine Kinder wachten sogar am Wochenende früher auf, weil sie wussten, dass wir hier mit den Zeiten, die sie vor digitalen Medien verbringen durften, flexibler waren.

Wir haben also für uns als Familie beschlossen, keine digitalen Medien mehr unter der Woche zu nutzen. Am Wochenende schauen wir als Familie einen Film. Und was soll ich dir sagen: Es war für uns die beste Entscheidung, die wir treffen konnten. Zum zweiten Mal. Wir hatten schon ein Jahr zuvor einmal eine Zeit auf digitale Medien verzichtet, und ich dachte, wir wären jetzt so weit, den Konsum wieder einzuführen. Fehlanzeige. Ohne Medien war es für uns alles leichter. Ich hatte zwei komplett veränderte Kinder, die am Wochenende sogar länger schliefen. Und was mir persönlich noch viel wichtiger ist: Es ist auf einmal so harmonisch. Digitale Medien werden einfach nicht mehr erwähnt. Meine Kinder schnappen sich ihre Spielsachen und beginnen zu spielen, zu basteln oder zu malen. Ganz ehrlich: Niemals hätte ich das für möglich gehalten. Das ist meine Situation und meine bisherige Erfahrung.

Fast alle Quellen, die ich bei meiner Recherche gefunden habe, empfehlen, auf digitale Medien unter zwei Jahren zu verzichten, die meisten plädieren für eine Einführung ab dem dritten Geburtstag. In diesem Alter ist das kindliche Gehirn in einer sehr sensiblen Phase. Kleine Kinder können mit Informationen, die sie aus digitalen Medien bekommen, wenig anfangen. Sprache kann nur über Interaktion mit echten Menschen erlernt werden. Sie profitieren also viel mehr von der ungeteilten Aufmerksamkeit mit dir, sie brauchen Zuwendung und aktive Erfahrungen.

Wenn ein Kind bereits sprechen kann, kann der Wortschatz auf jeden Fall auch über digitale Medien erweitert und verbessert werden. Doch auch hier geht meiner Meinung nach nichts über den zwischenmenschlichen Austausch mit realen Menschen.

Findet eure eigene Medienstrategie

Am besten baut ihr euch eure eigene Medienstrategie, die ihr immer wieder anpassen könnt. Wenn ich dir im Folgenden Anregungen dafür gebe, möchte ich dich an dieser Stelle noch einmal an mein Einkaufswagenprinzip aus der Einleitung erinnern: Du entscheidest, welche Tipps du in deinen Einkaufswagen packen möchtest.

Feste Zeiten. Für viele Kinder kann es unterstützend sein, klare Medienzeiten zu haben. Bei uns war die Regel: keine Medien vor der Schule und dem Kindergarten und auch nicht eine Stunde vor dem Schlafengehen. Du könntest auch fixe Zeiten festlegen:

Medienzeit ist von drei bis vier am Nachmittag.

Medienzeit ist, wenn ich Abendessen zubereite.

Wenn dein Kind eine zeitliche Begrenzung hat, kann es frei wählen, wann es spielen oder schauen möchte, es stehen ihm aber zum Beispiel 45 Minuten im Laufe des Tages zur Verfügung.

Biete deinem Kind Alternativen. Malkurse, Kletterkurse, Volleyballkurse, regelmäßige Treffen auf dem Spielplatz – woran hat dein Kind Interesse? Versuche, ein Hobby für dein Kind zu finden. Dein Kind findet Freude an einer neu erlernten Fähigkeit, die Medienzeit wird reduziert und es knüpft neue Freundschaften.

Vermeide Fernsehen oder Radio im Hintergrund. Beiläufige Geräusche können dein Kind während des Spiels ablenken und seine Konzentration stören. Gleichzeitig können sie deinem Kind erschweren, neue Wörter zu lernen. Eine Studie zeigt, dass weniger und kürzere Eltern-Kind-Interaktionen stattfinden, wenn der Fernseher im Hintergrund läuft. Kinder zeigen dadurch häufiger Konzentrationsschwierigkeiten. Schalte Fernsehen und Radio lieber bewusst ein.

Nutze Bons oder Gutscheine. Jeder Gutschein steht für eine gewisse Medienzeit. Zum Beispiel ist ein Bon dreißig Minuten Medienzeit. Dein Kind bekommt sieben Bons pro Woche, kann sich seine Medienzeit allerdings frei einteilen. So unterstützt du dein Kind in seiner Autonomie, indem es selbst entscheiden kann, wann es schauen oder spielen will, du hast aber gleichzeitig den Überblick.

Vermeide Fernseher oder Computer im Kinderzimmer. Ein eigener Fernseher im Kinderzimmer kann dazu führen, dass wir als Eltern sehr leicht den Überblick über die Medienzeit, aber auch das Medienprogramm unserer Kinder verlieren.

Schaffe handyfreie Zeiten oder Räume. Bestimmt gemeinsam Zeitspannen, in denen die Handys in eine Schublade oder einen »Käfig« gesperrt werden. Zum Beispiel könnt ihr die Handys während des Abendessens ausschalten und in einen kleinen Karton sperren. So könnt ihr als Familie das Abendessen ohne Störgeräusche genießen. Schafft Räume wie zum Beispiel das Kinderzimmer oder die Küche, in denen Handys keinen Zutritt haben. So kannst du ganz ungestört die Aufmerksamkeit mit deinem Kind teilen.

Trefft klare Absprachen. Jeder, der dein Kind betreut, sollte in eure »Medienregeln« eingeführt werden. Erkläre Großeltern oder dem Babysitter klar, worauf ihr beim Medienkonsum achtet, und besprecht diese Regeln. Gleichzeitig gibt es die Möglichkeit, bei anderen Betreuungspersonen andere Regeln gelten zu lassen. Zum Beispiel könnten Oma und Opa selbst über die Medienzeit deines Kindes bestimmen. Trotzdem sind hier klare Absprachen wichtig, was geschaut werden darf und worauf beim Medienkonsum geachtet werden muss. Schreibt diese Regeln am besten auf einen Zettel, damit jeder den Überblick hat.

Nutze digitale Medien, um etwas Neues zu lernen. Mittlerweile gibt es viele Apps, Fernsehprogramme und auch Onlinekurse, die sehr informativ sind und bei denen dein Kind gleichzeitig etwas lernen kann.

Für kleine Kinder eignet sich das Co-Watching am besten. Nutze die Fernsehzeit, um mit deinem Kind über Gesehenes zu sprechen. Hat dein Kind vielleicht Fragen während einer Sendung oder war eine Szene doch zu gruselig? Du bist an seiner Seite und kannst dir dein eigenes Bild machen. Das heißt allerdings nicht, dass du die ganze Zeit beim Fernsehen neben deinem Kind sitzen musst. Viel wichtiger ist es, dass du die Sendungen und auch die Charaktere, die dein Kind mag, kennst, damit du auch hier in ein Gespräch finden kannst.

Achte auf altersgerechte Sendungen. Für kleinere Kinder eignen sich besonders Sendungen mit einfachen, langsamen Bildern. Ich bin auch ein großer Fan von interaktiven Sendungen, bei denen die Kinder mitmachen können. Es werden Fragen oder Rätsel gestellt, die dein Kind während der Sendung beantworten kann. Es fehlt hier zwar die persönliche Rückmeldung, trotzdem regt diese Art des Fernsehens zum Mitdenken an.

Nutze kindersichere Tablets oder Apps. Viele Tablets und Apps können mit kindersicheren Zugängen geschützt werden. Die Medienzeit wird durch einen Code abgesichert und die zugelassenen Sendungen sind altersgerecht.

Sei ein Vorbild. Jesper Juul sagte: »Kinder machen nicht das, was wir sagen, sondern das, was wir tun.« Ich habe einen großen Instagram-Account, natürlich sehen mich meine Kinder häufig mit dem Handy in der Hand. Darum ist es umso wichtiger für mich, bewusste Pausen einzulegen und mich in dieser Zeit voll und ganz auf meine Kinder zu konzentrieren. Beziehe dein Kind bewusst in deine Handyzeit ein. Ich mache jetzt die Essensbestellung, den Wochenplan, das Geburtstagsvideo für Oma.

Überlege, ob die 3–6 – 9–12-Regel etwas für euch ist. Diese einfache Regel eignet sich nicht für jedes Kind und jede Familie. Achte bitte darauf, was für euch passend ist. Die Regel besagt, dass es keine Bildschirmmedien unter drei Jahren, keine Spielkonsole unter sechs Jahren und kein eigenes Smartphone unter neun Jahren geben sollte. Beim Smartphone solltest du auf eingeschränkte Funktionen und eingeschränkten Internetzugang achten. Außerdem ist eine unbeaufsichtigte Computer- oder Internetnutzung unter zwölf Jahren zu vermeiden. Achte auch hier auf die Bedürfnisse deines Kindes.

Nutze Hörbücher. Hörbücher sind die erste Wahl, wenn es um digitale Medien geht. Hörmedien dürfen bei uns auch unter der Woche genutzt werden. Aus logopädischer Sicht spielt der

Hörkanal eine wichtige Rolle. Vielen Aussprachestörungen liegt eine schlechte Verarbeitung von Gehörtem zugrunde. Das heißt nicht, dass das Kind schlecht hört, sondern lediglich, dass die Verarbeitung nicht reibungsfrei funktioniert. Das Kind hört gut, aber was es gehört hat, kann sein Gehirn nicht entschlüsseln.

Bei Hörmedien ist dein Kind keinen visuellen, oft überfordernden Reizen ausgesetzt. Es kann sich ganz auf das Hören konzentrieren. Gleichzeitig regen Hörbücher und Hörspiele die Fantasie und Kreativität der Kinder an und das Sprachverständnis wird verbessert. Im Gegensatz zu Bildschirmmedien muss das Kind das Gehörte verstehen, sonst würde es schnell das Interesse verlieren. Es muss sich gedanklich seine eigenen Bilder und Vorstellungen aufbauen, um der Geschichte zu folgen.

Schaut auf großen Bildschirmen. Größer ist in diesem Fall immer besser. Die Forschung zeigt, dass die Bildschirmgröße wichtig ist, wenn es um die Augenentwicklung bei Kindern geht. Da Kinder kleinere Geräte näher an ihr Gesicht halten, müssen ihre Augen härter arbeiten, um sich zu konzentrieren.

Wenn dein Kind das nächste Mal seine Lieblingssendung sehen möchte, kannst du auf folgende Dinge achten. Damit die Augen deines Kindes so wenig wie möglich belastet werden, lasse es lieber fernsehen, statt ihm ein Tablet oder ein Handy zu geben. Dies gibt euch auch die Möglichkeit, eine Sendung gemeinsam anzusehen, sodass ihr über Gesehenes sprechen könnt. Nutze diese Gelegenheit, um mit deinem Kind in Kontakt zu treten, zu lachen, traurig zu sein oder die Sendung mit einer realen Situation in Verbindung zu bringen. Diese Aktivität kann dein Kind besser in seiner sozialen Entwicklung unterstützen, als wenn es die Sendung allein sieht.

Die nächstbeste Option wäre ein Computer oder ein Tablet auf einem Tisch. Wird ein Tablet in eine höhere Position gestellt, kann der Körper besser in einer neutralen Position gehalten werden und der Nacken wird nicht nach unten gezogen. Es ist wichtig, dass sich dein Kind während seiner Medienzeiten bewegt. Richte daher regelmäßige Pausen ein, dehnt euch und ändert eure Position, um Schmerzen zu vermeiden und eine gute Haltung zu fördern. Baut einen Parcours und benennt Aktivitäten wie balancieren, klettern, hüpfen, kriechen oder krabbeln.

Am wenigsten werden Handys oder kleinere Geräte, die dein Kind in seiner Hand halten muss, empfohlen. Kleine Geräte werden in der Regel zu nah an die Augen gehalten. Dies führt dazu, dass sich die Augen sehr anstrengen müssen, um sich zu konzentrieren. Außerdem sind Kinder auf dem Handy leichter abgelenkt, da sie ganz einfach von einer zur nächsten Sendung oder App wechseln können.

Nutze digitale Medien mit deinem Kind sinnvoll. Lasse dein Kind in einer Mal-App statt auf einem Papier zeichnen. Findet gemeinsam Ausmalbilder im Internet und druckt diese aus. Kinder lieben es, unsere Handlungen nachzuahmen. Spielt Büro und lasse dein Kind im Schreibprogramm einen Brief tippen. Seht euch gemeinsam Fotos auf dem Smartphone an.

Wusstest du, dass Videotelefonieren tatsächlich nicht zu digitalen Medien zählt? Die Person auf der anderen Leitung kann mit deinem Kind direkt in Interaktion gehen und direkt auf seine Äußerungen, Gedanken und Bewegungen reagieren.

Immer wieder lese oder höre ich davon, dass Kinder freien Zugang zu digitalen Bildschirmmedien haben und sie selbst bestimmen können, wann sie digitale Medien nutzen wollen. Für manche Familien mag diese Strategie gut passen. Ich denke, dass hier die Reife des Kindes eine entscheidende Rolle spielt. Aus logopädischer Sicht rate ich davon ab, Kindern unter fünf Jahren freien Zugang zu digitalen Medien zu geben. Ganz besonders in diesem Alter brauchen sie direkten Kontakt mit anderen realen Personen. Kleine Kinder sind dabei, die Welt zu begreifen und zu entdecken. Sie brauchen Sinneserfahrungen, wie fühlen, sehen, riechen und schmecken, um die Welt zu verstehen. Erfahrungen, die später nicht mehr nachgeholt werden können. Ich denke nicht, dass ein Kind in diesem Alter ein Bewusstsein dafür hat, wie es digitale Medien zu seinem Vorteil nutzen kann.

Vielleicht ist dein Kind dazu in der Lage, selbstbestimmt und verantwortungsvoll zu handeln. Dann freut mich das sehr für dich und deine Familie. Als Logopädin ist es meine Aufgabe, Eltern zur Sprachentwicklung ihrer Kinder zu beraten und aufzuklären. Ich sehe täglich Kinder in meiner Praxis, die nicht wissen, wie und vor allem was sie spielen sollen, weil sie täglich stundenlang fernsehen. Meist fehlt diesen Kindern die Neugier und die Lust zu explorieren, weil sie noch keine positiven Erfahrungen damit gemacht haben. Es braucht aber Ideen und Gedanken, um Sprache zu entwickeln – und die finden Kinder in der echten Welt.

9

Wie kann ich mein Kind unterstützen, wenn es sprachlich begabt ist?

In meinen Beratungen stellen mir Eltern meistens Kinder vor, die etwas mehr Zeit beim Sprechenlernen brauchen oder Schwierigkeiten bei der Aussprache oder in anderen Bereichen haben. Selten – nein nie – kommen Kinder in meine Praxis, die besonders früh, besonders viel oder besonders »schön« sprechen. Das Thema »Mein Kind kann etwas nicht« ist leider viel präsenter als das Thema »Was kann mein Kind besonders gut und wie kann ich das fördern?«. Mir ist es wichtig, dass du die Stärken deines Kindes erkennst. Gerade deshalb war es mir auch besonders wichtig, dieses Thema in meinem Buch anzusprechen. Denn wenn dein Kind etwas besonders gut kann, solltest du es genau da unterstützen.

Es ist großartig, dass dein Kind sprachlich begabt ist. Du kannst diese Gelegenheit nutzen und dein Kind in seinen Stärken unterstützen. Es muss dir nicht unangenehm sein. Du musst dich anderen Eltern gegenüber nicht »schlecht« fühlen. Freue dich mit deinem und für dein Kind.

Wenn du das Gefühl hast, dein Kind entwickelt sich sprachlich besonders schnell oder besonders früh, nutze gerne alle Tipps aus meinem Buch, nur schon zu einem früheren Zeitpunkt. Finde heraus, wo dein Kind gerade steht, hole es da ab und begleite es auf seinem Weg. Trotzdem habe ich noch ein paar Extra-Tipps für dich, wie du dein Kind noch besser unterstützen kannst.

Vorlesen ist eine der effektivsten Möglichkeiten, die Sprachentwicklung deines Kindes zu fördern. Lies deinem Kind regelmäßig vor und ermutige es auch, selbst zu lesen. Biete ihm verschiedene Bücher aus verschiedenen Genres und mit unterschiedlichem Schwierigkeitsgrad an.

Erweitere das Vokabular deines Kindes. Indem du Gespräche mit deinem Kind führst, erweiterst du seinen Wortschatz ganz automatisch. Je häufiger du neue Wörter nutzt, desto eher wird sich dein Kind neue Wörter merken. Wörter, die dein Kind nicht kennt, kannst du ihm erklären.

Fördere die Kreativität deines Kindes. Spielt gemeinsam Rollenspiele und denkt euch gemeinsam Geschichten aus. Spielt mit dem Puppentheater und überlegt euch kleine Szenen. Je älter dein Kind wird, desto länger und komplizierter dürfen die Geschichten natürlich werden. Dies fördert nicht nur die sprachlichen Fähigkeiten, sondern regt auch die Kreativität und die Fantasie deines Kindes an.

Besucht gemeinsam Bibliotheken, Museen, Theateraufführungen oder andere kulturelle Veranstaltungen, um die Sprachentwicklung deines Kindes zu fördern. So bekommt es neue Wörter angeboten und erweitert seinen Wortschatz.

Nutze digitale Medien. Hörbücher, Podcasts oder Sprachlern-Apps können dein Kind unterstützen, neue Wörter ganz einfach zu lernen.

Ermutige dein Kind, sich an Gesprächen zu beteiligen und sich Gedanken zu Themen zu machen. Zeige Interesse an seiner Meinung und seinen Ideen und ermutige es, mit dir darüber zu sprechen.

Beobachte die Interessen deines Kindes und fördere es dabei ganz individuell. Wenn es sich für ein bestimmtes Thema besonders interessiert, kann es sinnvoll sein, ihm zusätzliche Materialien zu diesem Thema anzubieten.

10

Besondere Herausforderungen

Was ist eigentlich eine schwache Mundmuskulatur und was kann ich dagegen tun? Ist es schlimm, dass mein Kind einen Schnuller nimmt? Und was mache ich, wenn Aussprachefehler einfach nicht weggehen? In diesem Kapitel habe ich ein paar Themen gesammelt, die Eltern quer durch die Altersstufen ihres Kindes beschäftigen, und gebe dir ein paar Tipps, was du tun kannst.

Mundmuskulatur

Immer wieder hört man im Bereich Logopädie: *Vielleicht hat er eine schwache Mundmuskulatur!* Doch was heißt das genau? Woran erkenne ich eine schwache Mundmuskulatur, und was kann ich tun?

Eine schwache Mundmuskulatur oder auch eine schlechte Mundmotorik zu haben heißt, dass dein Kind Schwierigkeiten bei der Kontrolle und/oder der Koordination der Muskeln im Mundbereich hat. Dies kann Auswirkungen auf das Kauen, das Schlucken, das Saugen und die Sprache haben. Der Schweregrad kann variieren und nicht jeder Schweregrad benötigt unbedingt Therapie.

Es ist wichtig zu verstehen, dass sich jedes Kind individuell entwickelt. Dennoch können folgende Anzeichen darauf hindeuten, dass dein Kind eine schwache Mundmuskulatur hat.

Dein Kind hat Schwierigkeiten beim Kauen und Schlucken oder Probleme, eine korrekte Saugtechnik zu entwickeln. Das Saugen an der Brust hat positive Auswirkungen auf die Mundmuskulatur und Mundmotorik deines Babys. Beim Stillen muss dein Baby aktiv an der Mutterbrust saugen, um an die Milch zu kommen. Die Lippen, die Zunge und die Kiefermuskulatur müssen eine aktive Bewegung machen, was zur Stärkung der Mundmuskulatur beiträgt. Gleichzeitig erfordert das Saugen an der Brust eine Koordination zwischen Saug- und Schluckbewegung. Diese koordinierten Bewegungen helfen deinem Baby, seine Mundmotorik zu verbessern. Das Saugen an der Brust trägt gleichzeitig dazu bei, die Kieferentwicklung zu unterstützen, da die Bewegungen des Saugens und des Schluckens die Entwicklung des Kiefers und des Gaumens fördert.

Stillen spielt bei der Entwicklung einer gesunden Mundmotorik eine wichtige Rolle. Stillen allein reicht aber möglicherweise nicht aus, um alle Aspekte der Mundmotorik zu fördern. Andere Faktoren wie die Genetik, die Anatomie, Aktivitäten und Erfahrungen spielen ebenso eine wichtige Rolle.

Dein Kind bevorzugt weiche Lebensmittel. Diese Nahrung muss nicht oder nur wenig gekaut werden und kann leichter geschluckt werden. Das heißt nicht gleich, dass dein Kind eine schwache Mundmuskulatur hat, nur weil es Pizza, Pommes und Nudeln bevorzugt. Diese Vorlieben können aber ein

Hinweis sein. Feste Lebensmittel sollten bis spätestens zum ersten Geburtstag eingeführt werden. Achte hier bitte immer auf die Sicherheit deines Kindes. Biete deinem Kind auch härtere Lebensmittel wie Äpfel, Karotten und Brot an, natürlich erst, wenn du dir sicher bist, dass es diese Lebensmittel sicher essen kann.

Dein Kind könnte Schwierigkeiten haben, seine Lippen, seine Zunge und seinen Kiefer koordiniert zu bewegen. Dein Kind hat wenig Kontrolle, und seine Lippen und seine Zunge schaffen es nicht, bestimmte Abläufe auszuführen. Dies kann zu Schwierigkeiten beim Bilden von Lauten, Lautkombinationen oder sogar Wörtern führen.

Dein Kind speichelt viel. Vermehrter Speichelfluss kann ein Anzeichen sein, dass dein Kind Speichel nicht effektiv abschlucken kann, was wiederum auf eine schwache Mundmuskulatur oder ein falsch erlerntes Schluckmuster hindeuten kann.

Dein Kind kaut viel an Gegenständen. Wenn dein Kind oft seine Finger, Jacken, T-Shirts oder Haare im Mund hat, kann dies ein Zeichen dafür sein, dass es Reize im Mundbereich sucht. Biete auch hier Alternativen wie Beißketten oder Beißringe.

Dein Kind atmet durch den Mund. Dann befindet sich meist auch die Zunge nicht da, wo sie sein soll. Sie soll oben am Gaumen liegen, knapp hinter den Zähnen, wobei sie diese nicht berührt. Atmet dein Kind durch den Mund, liegt die Zunge meist an den unteren Zähnen oder sogar an der unteren Lippe.

Die Zunge formt beim Schlucken den Gaumen und somit den oberen Kiefer. Liegt die Zunge allerdings unten, kann sie die korrekte Schluckbewegung nicht ausführen und der Kiefer wird nicht geformt. Durch die falsche Bewegung der Zunge gegen die Zähne statt gegen den Gaumen kann es zu Zahn- und Kieferfehlstellungen kommen. Liegt die Zunge falsch zwischen den Zähnen, können diese nicht gut durchbrechen und es kann zu einem offenen Biss kommen.

Auch die Gesichtsform wird von der Mundatmung beeinflusst. Lymphe kann nicht gut abfließen und das Gesicht kann aufgedunsen und weich wirken. Gleichzeitig wirkt das Gesichtsprofil sehr flach. Ein weiteres Kennzeichen sind kleine Nasenlöcher. Da die fehlende Nasenatmung die Hohlräume nicht formen kann, bleiben sie klein.

Die Mundatmung kann viele Auswirkungen auf die Gesundheit und die Entwicklung deines Kindes haben. Die Schleimhäute trocknen aus, was zu vermehrtem Karies, Zahnfleischerkrankungen, rissigen und spröden Lippen und Mundgeruch führen kann.

Durch die physiologische Nasenatmung wird die Atemluft erwärmt, befeuchtet und gefiltert. Atmet dein Kind durch den Mund, erhöht dies das Risiko von Infektionen, da die Nase nicht als Filter für Luftpartikel und Krankheitserreger dienen kann. Häufige Erkältungen, Husten und andere Atemwegserkrankungen können die Folge sein.

Ein weiterer sehr wichtiger Punkt sind Schlafstörungen. Kinder, die durch den Mund atmen, schnarchen häufiger, neigen zu Schlafapnoen und unruhigem Schlaf. Sie können deshalb tagsüber sehr müde sein und Konzentrationsprobleme haben.

Bemerkst du Anzeichen, dass dein Kind durch den Mund atmet oder eine zu schwache Mundmuskulatur zeigt, sprich bitte mit einem Hals-Nasen-Ohren-Arzt oder einer Hals-Nasen-Ohren-Ärztin. Es ist wichtig abzuklären, ob es deinem Kind überhaupt möglich ist, durch die Nase zu atmen. Strukturelle Veränderungen, zum Beispiel durch vergrößerte Polypen oder Mandeln, können dein Kind daran hindern. Eine frühe Intervention und gezielte Unterstützung können helfen, die Mundmotorik deines Kindes zu verbessern und mögliche Probleme zu bewältigen.

Die folgenden Tipps zur Verbesserung der Mundmotorik ersetzen keine logopädische Therapie. Sie können deinem Kind aber helfen, seinen Mundbereich besser wahrzunehmen.

Lass dein Kind einen Luftballon aufblasen, das kräftigt seine Lippen.

Lass dein Kind so oft es geht aus einem Strohhalm trinken. Je kleiner der Durchmesser der Öffnung, desto mehr muss sich dein Kind anstrengen. Lässt du dein Kind Joghurt durch den Strohhalm saugen, macht dies nicht nur besonders Spaß, sondern stärkt gleichzeitig auch die Mundmuskulatur. Lass dein Kind auch Blubberwasser erzeugen. Es kann versuchen, Blasen im Wasser zu erzeugen, indem es in einen Strohhalm bläst. Am besten eignet sich hierfür die Badewanne.

Damit dein Kind seinen Mundbereich besser spüren lernt, **lasse es seine Lippen fest aufeinanderdrücken und langsam wieder öffnen.**

Sprecht in der Opa-Sprache. Decke deine Zähne mit den Lippen ab, so als ob du keine Zähne im Mund hättest, und führt nun ein Opa-Gespräch.

Spielt lustige Zungenspiele. Zum Beispiel das Roboterspiel: Ziehst du an deinem rechten Ohr, streckst du die Zunge aus dem rechten Mundwinkel heraus. Ziehst du am linken Ohr, schaut die Zunge aus dem linken Mundwinkel hervor. Drückst du auf die Nase, wandert die Zunge in diese Richtung. Drückst du aufs Kinn, verschwindet sie wieder im Mund.

Denk dir lustige Zungengeschichten aus. Zum Beispiel die von Frau Zunge: Frau Zunge erwacht (Zunge aus dem Mund strecken). Sie sieht erstmal nach, ob die Sonne am Himmel scheint (Zunge wandert Richtung Nase). Sie sieht nach rechts, ob der Postbote schon hier war (Zunge in den rechten Mundwinkel), und dann nach links, ob der Müll schon abgeholt wurde (Zunge in den linken Mundwinkel). Dann geht es weiter: Heute ist Hausputz angesagt. Sie verschwindet im Haus und rückt erstmal die Möbel zurecht (Zunge kräftig innen gegen die linke und rechte Backe drücken). Nun saugt sie noch ihr Haus (Zunge fährt ganz langsam das Lippenrot entlang). Fertig! Müde ruht sie sich auf ihrem Schlafplatz aus (Zunge nach oben an den Gaumen, die Zähne sollen dabei nicht berührt werden).

Damit dein Kind die richtige Position am Gaumen finden kann, kannst du kleine Esspapier- oder Oblatenstücke an den Gaumen kleben. Achtung: Dies kann nur funktionieren, wenn es deinem Kind möglich ist, durch die Nase zu atmen.

Schneidet Grimassen. Setzt euch gemeinsam vor den Spiegel und schneidet lustige Grimassen. Eines meiner Lieblingsspiele ist es, hinter vorgehaltenem Handtuch eine Grimasse zu schneiden. Dein Kind muss auf der anderen Seite des Handtuchs versuchen, die gleiche Grimasse zu schneiden. Senkt das Handtuch zwischen euch ab. Habt ihr die gleiche Grimasse, habt ihr gewonnen.

Macht Gesichtsmassagen. Spielt Schönheitssalon und creme das Gesicht deines Kindes ordentlich ein. Massiere nun seine Stirn, seine Backen, den Bereich zwischen Nase und Oberlippe und das Kinn. Das ist nicht nur angenehm, sondern gleichzeitig lernt dein Kind auch, sein Gesicht zu spüren. Und wenn du an der Reihe bist, hast du auch gleich eine angenehme Gratis-Massage bekommen.

Lass dein Kind zähe Lebensmittel kauen, um seine Kaumuskulatur anzuregen und zu aktivieren. Als zuckerfreie Alternative zu Kaugummi und Gummibärchen kann ich dir zähes Trockenobst empfehlen.

Ratet Lieder. Schnalzt mit euren Zungen Lieder, während der andere diese erraten muss. Das macht nicht nur Spaß, sondern kräftigt gleichzeitig auch eure Zungenmuskulatur.

Schnuller

Wenn du mich als Logopädin fragst, rate ich dir klar von einem Schnuller ab. Ich bin aber auch Mama, und eines meiner Kinder hatte einen Schnuller. Aus Mama-Sicht mit logopädischem Hintergrund empfehle ich dir, das zu tun, was für dich und deine Familie richtig erscheint. Dieses Kapitel schreibe ich also ausdrücklich nicht mit erhobenem Zeigefinger. Hast du dich bei deinem Kind für einen Schnuller entschieden, ist das völlig in Ordnung.

Egal welche Marke, Form oder Größe, der Schnuller ist immer ein Fremdkörper im Mund deines Kindes. »Kiefergerechte« Schnuller gibt es nicht, da Schnuller den Kiefer und die Kieferentwicklung immer beeinflussen. Physiologisch liegt die Zunge oben am Gaumen. Von dort findet auch die Schluckbewegung nach oben hinten statt. Liegt ein Schnuller im Mund, kann die Zunge diese Position nicht einnehmen. Sie rutscht dann eher nach vorne zwischen die Zähne und Lippen. Auch der Schluckvorgang kann dadurch beeinflusst werden, da die Zunge den Schluckakt von einer falschen Position aus startet. Das Schluckmuster ist somit nach vorne gerichtet. Durch die falsche Zungenruhelage und das falsch erlernte Schluckmuster können Zahnfehlstellungen entstehen, da die Zunge die Zähne mit einer enormen Kraft immer wieder nach vorne drückt. Gleichzeitig ist es möglich, dass durch einen zu exzessiven Schnullergebrauch ein offener Biss entsteht. Der Schnuller hindert die Zähne am Durchbrechen. Die oberen und unteren Schneidezähne treffen nicht aufeinander und es entsteht ein Loch. Auch genetische Veranlagungen oder Daumenlutschen können zu einem offenen Biss führen.

Da der Mundraum verändert ist, kann es sein, dass das Kind Laute nicht mehr korrekt bilden kann. Nicht nur das S, auch das L, das N und das T werden nun vielleicht zwischen den vorderen Zähnen anstatt oben am Gaumen gebildet. Das kann die Zähne sogar noch weiter verschieben. Nicht jedes Kind, das einen Schnuller verwendet, entwickelt automatisch Ausspracheschwierigkeiten. Wie sich der Schnuller auswirkt, ist ganz individuell und abhängig davon, wie lange und intensiv der Schnuller in Gebrauch war.

Einige Studien legen nahe, dass das Saugen an einem Schnuller das Risiko für den Plötzlichen Kindstod (Sudden Infant Death

Syndrom SIDS) verringern kann. Das bedeutet aber nicht, dass der Gebrauch eines Schnullers die direkte Ursache für das verringerte Risiko ist. Auch die Schlafumgebung, pränatale Faktoren sowie genetische und medizinische Faktoren spielen eine entscheidende Rolle.

Wenn du dich für einen Schnuller bei deinem Kind entscheidest, kannst du auf folgende Dinge achten:

1. Der Schaft des Schnullers sollte möglichst schmal sein, damit die Zähne so gut es geht durchbrechen können.
2. Achte darauf, dass der Saugteil des Schnullers möglichst weich ist. Je weicher der Saugteil, desto eher kann die Zunge deines Kindes den Schnuller gegen den Gaumen und somit an seine richtige Position bringen.
3. Je leichter der Schnuller, desto besser. Dein Kind muss so und so schon Kraft aufwenden, um den Schnuller im Mund zu halten. Je schwerer der Schnuller, desto mehr muss dein Kind dagegenhalten. Vermeide daher auch Anhänger, Schnullerketten oder gar Tücher, die den Schnuller noch zusätzlich erschweren.
4. Achte darauf, dass der Saugteil möglichst gerade ist.
5. Bleibe beim Schnuller am besten immer bei der kleinsten Größe. Die Mutterbrust wächst auch nicht mit. Achte hierbei bitte darauf, dass dein Kind den Schnuller nicht komplett in den Mund nehmen kann. Passt der gesamte Schnuller in den Mund deines Kindes, besteht Erstickungsgefahr.
6. Stelle sicher, dass der Schnuller frei von schädlichen Inhaltsstoffen wie BPA, Phthalaten und PVC ist.
7. Reinige den Schnuller deines Kindes regelmäßig. Das Infektionsrisiko kann sich erhöhen, wenn der Schnuller nicht re-

gelmäßig gereinigt wird, da sich Bakterien und Keime ansammeln.

Abschied vom Schnuller

Hier findest du meine Tipps, um deinem Kind den Schnuller abzugewöhnen:

Verwende den Schnuller von Anfang an wie Medizin. So oft wie nötig, aber so wenig wie möglich. Je weniger dein Kind den Schnuller im Mund hat, desto besser. Überlege dir daher wirklich bewusst, wann dein Kind den Schnuller wirklich braucht. Braucht dein Kind den Schnuller in der Sandkiste oder im Kinderwagen?

Lass dein Kind nur ohne Schnuller sprechen. »Bitte nimm den Schnuller aus dem Mund, ich kann dich sonst nicht verstehen.« Erstens reduzierst du somit die Schnullerzeit und zweitens kann man ein Kind mit Schnuller wirklich nur schwer verstehen.

Versuche zu verstehen, wofür der Schnuller bei deinem Kind steht. Sicherheit, Geborgenheit, Beruhigung, Ruhe oder etwas anderes? Kannst du deinem Kind eine Alternative anbieten? Führe ein Übergangsobjekt ein. Mehr in den Arm nehmen, ein T-Shirt, das nach dir riecht, ein Stofftier, Massagen, Streicheleinheiten.

Reduziere die Schnullerzeit ab dem sechsten Lebensmonat. Du musst den Schnuller nicht von einem auf den anderen Tag verschwinden lassen. Fange zum Beispiel damit an, dass der Schnuller nur noch nachts genommen werden kann. Oder nur noch zu Hause.

Nutze eine Schnullergarage oder ein Schnullerbett. Sobald dein Kind aufwacht, kann der Schnuller in eine kleine Schachtel wandern. Somit reduzierst du die Schnullerzeit tagsüber.

Die Schnullerverabschiedung ist ein Trennungs- und Trauerprozess und es wird Tränen geben. Gleichzeitig bist du da, um dein Kind aufzufangen. Statt verharmlosende Sätze wie »Ist doch gar nicht schlimm« zu sagen, nimm dein Kind viel in den Arm. »Das ist echt traurig, jetzt hattest du so lange deinen Schnuller, und nun bestimme ich, dass er wegmuss.«

Stehe klar hinter deiner Entscheidung und teile sie deinem Kind mit. Sprich mit deinem Kind. »Mir ist deine Gesundheit wichtig, deshalb werden wir uns in fünf Tagen vom Schnuller verabschieden.« Gib deinem Kind eine klare Zeitangabe. Streicht die Tage auf dem Kalender durch. Sprich kindgerecht: »Nur noch viermal schlafen, dann verabschieden wir uns vom Schnuller.« Du hast die Verantwortung für die Gesundheit deines Kindes.

Nichts muss. Merkst du, dass es deinem Kind mit deiner Entscheidung körperlich oder psychisch nicht gut geht, kannst du deine Entscheidung jederzeit ändern.

Hängt den Schnuller an einen Schnullerbaum. Mittlerweile gibt es schon viele Bäume, die mit Schnullern vollgehangen sind. Somit hat dein Kind ein schönes Verabschiedungsritual und es kann den Schnuller immer wieder besuchen kommen, wenn es große Sehnsucht hat.

Verschenkt den Schnuller an ein Baby. Bekommt jemand in eurer Familie demnächst ein kleines Baby? Nutze die Gelegenheit, und verschenkt euren Schnuller, da das Baby ihn vielleicht jetzt mehr brauchen könnte.

Legt den Schnuller ans Fenster und schenkt ihn der Schnullerfee. Als Dankeschön könnte die Schnullerfee ein kleines Geschenk oder eine kleine Aufmerksamkeit hinterlassen. Auch ein Foto vom Schnuller wäre eine schöne Erinnerung für dein Kind.

Lies mit deinem Kind Schnullerbücher. Geschichten über die Schnullerverabschiedung können deinem Kind helfen, sich auf diesen Prozess vorzubereiten und zu verstehen, was passieren wird.

Sei geduldig. Dieser Verabschiedungsprozess wird eine Zeit dauern.

Schnuller oder Daumen, was ist besser?

Ob dein Kind besser den Schnuller verwenden oder am Daumen lutschen soll, kann nicht so einfach beantwortet werden, denn beides hat sein Für und Wider. Sowohl der Schnuller als auch der Daumen können einen beruhigenden Effekt auf dein Baby haben. Beim Schnuller kontrollierst du seine Verwendung. Du bestimmst also, wann dein Kind den Schnuller bekommt, und wann es ihn wieder abgeben muss. Viele Eltern finden, dass der Schnuller dem Kind helfen kann, schneller einzuschlafen, und dass sich das Kind auch in der Nacht mit dem Schnuller schneller beruhigen lässt. Während dein Kind seinen Schnuller im Mund hat, kann es nebenbei spielen und sich mit beiden Händen mit einem Gegenstand beschäftigen. Allerdings ist dann auch klar, dass es den Schnuller eigentlich gerade nicht braucht.

Ein Kind, das am Daumen lutscht, kann hingegen nur erschwert spielen. Das kann die Daumenzeit verringern. Durch das Lutschen am eigenen Daumen bekommt das Kind eine Rückmeldung über seinen eigenen Körper. Im Gegensatz zum Schnuller ist der Daumen deines Kindes kleiner und somit weniger raumfordernd. Auch beim Daumenlutschen können sich, genau wie beim Schnuller, die Zähne und der Kiefer deines Kindes verändern. Gleichzeitig kann der Kiefer auch den Daumen verformen und auch die Haut am Daumen verhärten.

Im Gegensatz zum Schnuller ist der Daumen immer mit dabei. Viele Eltern fragen sich, wie sie etwas, das sie nicht kontrollieren können, irgendwann abgewöhnen sollen. Mit etwas Geduld schafft ihr das gemeinsam. Hier kommen ein paar Ideen:

Versuche, das Bedürfnis hinter dem Daumenlutschen zu erkennen. Steckt dein Kind den Finger in den Mund, wenn es müde ist, sich verletzt hat und sich selbst regulieren muss? Ist es unsicher, hat Angst oder spürt einen Verbindungsabbruch? Achte darauf, denn so kannst du versuchen, Alternativen zu finden. Biete deinem Kind zum Beispiel eine feste Umarmung an, halte seine Hand und streichle sie und vor allem: Suche das Gespräch mit deinem Kind.

Versuche, die Daumenzeit so gering wie möglich zu halten. Vielleicht könnt ihr daraus ein Spiel machen, indem du den Timer stellst und dein Kind zehn Minuten intensiv am Daumen lutschen kann.

Malt dem Daumen ein Gesicht und gebt ihm einen Namen. Als Alternative könnt ihr dem Daumen auch eine Fingerpuppe überziehen. So könnt ihr euren neuen Gefährten beim Autofahren, beim Buchanschauen und beim Spielen immer mit dabeihaben und ihn an eurem Geschehen teilhaben lassen. Wäre er in der dunklen Höhle, könnte er beim Autofahren nicht aus dem Fenster sehen oder beim Spielen nicht würfeln. **Überlege gemeinsam mit deinem Kind, wie der Daumen mutiger werden kann,** damit er sich aus dem Mund heraustraut. Ziehe dem Daumen abends einen Schlafanzug an.

Findet Alternativen, wo sich der Daumen noch verstecken kann. Zum Beispiel in der anderen Hand, in der Hosentasche oder in der Knetmasse.

Biete deinem Kind Alternativen wie Gemüsesticks, Beißketten oder Beißringe an.

Es gibt ein paar Dinge, die ich beim Daumenabgewöhnen nicht gut finde. Ziehe nicht ständig den Daumen deines Kindes aus seinem Mund. So gibst du ihm das Gefühl: »So wie ich bin, bin ich nicht okay.« Für dein Kind ist das Daumenlutschen eine Strategie, um mit verschiedenen Gefühlen und mit bestimmten Situationen umzugehen. Versuche lieber, die Ursache herauszufinden und ihm Alternativen zu bieten.

Ich bin auch kein Fan von Geschmacksstoffen, die man dem Kind auf den Daumen streicht. Vielleicht hast du auch schon von eklig schmeckendem Nagellack, Senf oder Chili gehört. Ich finde es wichtiger, mit deinem Kind über seine Gefühle zu sprechen und es ernst zu nehmen.

Merkst du, dass dein Kind exzessiv und übermäßig am Daumen oder Schnuller lutscht, sprich bitte mit deinem Kinderarzt, deiner Kinderärztin, deinem Zahnarzt, deiner Zahnärztin, einem Psychologen oder einer Psychologin.

Aussprache

Anfragen zur Aussprache wie diese erreichen mich täglich:

»Hilfe, Carina, meine Tochter ist zwei und kann das R nicht aussprechen!«

»Mein Sohn ist dreieinhalb und kann das SCH noch nicht sprechen. Sollen wir uns schon eine Logopädieverordnung besorgen?«

Bitte vergiss nicht: Wenn dein Kind sprechen lernt, muss es kein Wort korrekt aussprechen. Auch wenn es bereits sprechen kann, muss es erst einmal lernen, Laute in seinem Mund zu formen.

Hier findest du eine zeitliche Orientierung.

- Mit 2,5 Jahren sollte dein Kind die Laute M, P, B, D und N beim Sprechen korrekt verwenden.
- Mit drei Jahren werden die Laute W, F, L, T, NG, KS, H, K und S von 90 Prozent der Kinder korrekt angewendet.
- Mit 3,5 kommen J, R (hinten gebildet), G und PF dazu.
- Mit 4,5 sollte der Laut CH erworben sein.
- Mit fünf Jahren sollte dein Kind SCH ebenso korrekt sprechen.

Das heißt, dein Kind wird in einem bestimmten Alter bestimmte Laute korrekt in einem Wort anwenden können. Dies ist aber nicht immer so. Manchen Kindern fällt es schwer, Laute korrekt zu bilden. Manche ärgern sich, weil sie den korrekten Laut nicht bilden können, und andere merken gar nicht, dass der Laut, den sie sprechen, gar nicht der korrekte Laut ist.

Mein Kind hat Probleme bei der Lautbildung

Wenn ein Kind einen Laut noch nicht korrekt spricht oder durch einen anderen ersetzt, kann dies viele verschiedene Ursachen haben. Zwei wichtige stelle ich dir vor.

1. **Dein Kind hat Schwierigkeiten beim Bilden eines Lautes. Dieser klingt nicht so, wie er soll. Das Kind lispelt oder zuzelt zum Beispiel.**

   Ursache können eine schwache Mundmuskulatur oder aber auch ein falsch angelerntes Bewegungsmuster sein. Das heißt, dass dein Kind zum Beispiel in der Zunge oder in den Lippen zu wenig Kraft hat, um eine bestimmte Bewegung auszuführen, oder sich eine falsche Bewegung angelernt hat. Im Kapitel *Mundmuskulatur* kannst du nachlesen, wie du die Mundmuskulatur deines Kindes kräftigen kannst.

   Klingt das Geräusch, das dein Kind sagen will, einfach nicht so, wie es klingen soll? Liegt beim S die Zunge zwischen den Zähnen, oder klingt das SCH total verwaschen? Das würde ich als milde Aussprachestörung bezeichnen. Für uns Eltern kann das Lispeln unseres Kindes oft nervig sein. Verglichen mit anderen Sprachstörungen würde ich es trotzdem eher in die Kategorie »kleiner Schönheitsfehler« einordnen. Das soll Lispeln oder Zuzeln nicht verharmlosen, es gibt aber einfach Störungsbilder, die für Betroffene schwerwiegendere Folgen haben können.

   Hat dein Kind eine schwache Mundmuskulatur, solltest du dies bitte mit deinem Kinderarzt oder deiner Kinderärztin besprechen. Die Therapie sollte auf jeden Fall so früh wie möglich starten. Gerade jüngere Kinder vor Schuleintritt zeigen aber wenig Interesse daran, ihren kleinen Sprachfehler therapieren zu lassen. Das kann den Therapiefortschritt erschweren. Meine Erfahrung zeigt, dass Kinder nach dem Zahnwechsel oft bessere Fortschritte erzielen. Der Kiefer wächst, die Zähne brechen durch, und das Kind ist einfach reifer, um zu verstehen, warum die Zunge hinter die Zähne soll.

2. **Dein Kind ersetzt einen oder mehrere Laute durch andere oder lässt diese weg. Das nennt man phonologische Verzögerung oder Störung.**
   Dein Kind hat Schwierigkeiten mit der Verarbeitung, und es hat einen Laut in zwei Schubladen gespeichert. Was heißt das? Dein Kind will »Schokolade« sagen, hat aber den Laut S nicht nur in der S-Schublade gespeichert, sondern auch in der SCH-Schublade. Wenn es also »Schokolade« sagen will, öffnet es die SCH-Schublade und heraus kommt »Sokolade«. Das hat nichts mit schlechtem Hören zu tun, sondern mit der Verarbeitung. Je nachdem, wie viele und welche Laute und Lautverbindungen in welchem Alter betroffen sind, kann eine Therapie notwendig sein. Je mehr Laute betroffen sind, desto wichtiger wäre es, sehr früh mit logopädischer Therapie zu beginnen. Vor dem Schuleintritt sollten alle Laute und Lautverbindungen korrekt gesprochen werden. Dein Kind muss beim Schreibenlernen Lauten Buchstaben zuordnen, und umgekehrt. Sagt es aber »Sokolade«, wird es auch »Sokolade« schreiben. Oft können Kinder betroffene Laute isoliert bilden, schaffen es aber nicht, den korrekten Laut in Wörtern oder Sätzen korrekt anzuwenden. Klassisch wäre: Dein Kind kann das K isoliert sprechen und sagt dann »Tatao« statt Kakao. Sagst du: »Liebling, das heißt ›Kakao‹«, wird dein Kind wahrscheinlich antworten: »Sag ich doch!« Dein Kind kann den Unterschied meistens nicht erkennen.

Übungen für die Lautbildung

Hier habe ich ein paar kleine Tricks, wie dein Kind Laute lernen kann.

R: Du brauchst einen kleinen Löffel und ein Glas Wasser. Gib etwas Wasser auf den Löffel und lasse dein Kind ein R gurgeln. Am besten übt ihr das in der Badewanne oder beim Zähneputzen, so kann nichts danebengehen. Wenn ihr das ein paar Mal probiert habt und es gut klappt, versuche, immer weniger Wasser auf den Löffel zu geben. Wenn dein Kind Gurgelprofi ist, kannst du nun »Zauberwasser« verwenden. Dazu streue ich mit meinen Fingern unsichtbares Wasser in den Mund des Kindes und fordere es nun (ohne Wasser) auf zu gurgeln. Meistens klappt dieser Trick.

SCH: Der Laut SCH ist etwas tricky, da er etwas mehr Kontrolle und vor allem eine gute Luftstromlenkung benötigt. Ich versuche, bei dem Laut SCH meist ganz einfach anzuleiten. Zähne zu – Bussimund/Küsschenmund – SCH sagen. Es klappt? Super, weiter so! Es klappt noch nicht? Dann kann es sein, dass dein Kind den Luftstrom noch nicht gut kontrollieren kann oder noch nicht die korrekte Zungenposition finden kann.

K: Beim Laut K wird der hintere Teil der Zunge kurz angehoben. Kann dein Kind das K noch nicht produzieren, kann es daran liegen, dass der hintere Teil der Zunge zu schwach ist. Versuche einmal diesen Trick: Lasse dein Kind seinen Finger auf den vorderen Teil der Zunge legen und die Zunge nach unten festhalten. Bitte es, ein T zu sagen. Dadurch, dass der Finger nach unten drückt, hebt sich der hintere Teil der Zunge und dein Kind spricht ein K. Statt des Fingers deines Kindes kannst du auch einen Mundspatel oder Löffel verwenden. Viele Kinder empfinden diesen Fremdkörper im Mund als sehr unangenehm.

Probiere diesen Trick erst einmal bei dir. Sage lange ein NG. Halte dir nun die Nase zu und sprich weiter ein NG. Hierzu braucht es etwas Druck. Et voilà, du hast ein K gesprochen. Als gedankliche Hilfe kannst du dein Kind mit den Handballen auf den Tisch drücken oder auf den Fersen gehen lassen, um den Druck nachzuempfinden.

S: Für das S habe ich mehrere Tipps für dich. Probiere sie gerne alle aus. Die leichteste Anleitung für dein Kind wäre: Zähne zu – Lachmund – S sagen. Wäre schön, wenn das gleich klappen würde, tut es aber leider nicht immer.

Gleitet die Luft nicht mittig aus dem Mund, kann dies den Laut sehr schnell verändern. Ziehe eine unsichtbare Schnur aus den Vorderzähnen deines Kindes, damit es eine Vorstellung davon hat, wo der Luftstrom hinmuss.

Lass dein Kind ein langes T sagen. Durch die Position der Zunge bei dem Laut T hat die Zunge deines Kindes bereits die richtige Position für den Laut S. Da man den Laut T nicht lange sprechen kann, wird daraus automatisch ein S.

Klingt das S deines Kindes sehr gepresst, kannst du versuchen, es den Laut leise sprechen zu lassen. So nimmst du den Druck und es klingt eher nach einem S.

F: Es ist sehr selten, dass Kinder den Laut F nicht produzieren können. Trotzdem werde ich immer wieder danach gefragt. Beiße mit den oberen Zähnen auf deine Unterlippe und blase Luft aus. Klappt meistens eigentlich sehr schnell. Für den Laut W musst du dazu nur den Motor anschalten. Der Laut W funktioniert wie das F, nur brauchen wir unsere Stimme dazu.

Bitte habe immer im Hinterkopf, dass es sein kann, dass dein Kind den Laut in seiner Anwendung einfach noch nicht richtig abgespeichert hat. Dann kannst du üben, was das Zeug hält, dein Kind wird den Laut noch nicht korrekt anwenden können.

Wann braucht mein Kind Therapie?

Dein Kind gut zu beobachten ist ein wichtiger Schritt in der Sprachentwicklung. Du kennst dein Kind am besten. Auf der Liste weiter oben in diesem Abschnitt zur Aussprache siehst du, wann dein Kind welchen Laut sprechen soll. Sollte dein Kind einen Laut bereits sprechen können und schafft es aber noch nicht oder ersetzt ihn durch einen anderen, sprich bitte mit deinem Kinderarzt oder deiner Kinderärztin.

Weitere Anzeichen, die darauf hinweisen können, dass dein Kind möglicherweise Logopädie benötigt, sind:

1. Anderen fällt es regelmäßig schwer, dein Kind zu verstehen. Du merkst, dass dein Kind sich oft wiederholen oder erklären muss.
2. Manche Aussprachestörungen sind bei jüngeren Kindern altersentsprechend und andere verbessern sich im Laufe der Zeit von selbst. Wenn du allerdings merkst, dass dein Kind im Vergleich zu gleichaltrigen Kindern weiterhin deutliche Schwierigkeiten mit der Aussprache hat, kann logopädische Therapie helfen.
3. Ist dein Kind oft frustriert, weil es nicht verstanden wird? Wenn du siehst, dass dein Kind Schwierigkeiten hat, sich auszudrücken, und seine sozialen Interaktionen dadurch beeinträchtigt sind, es sich zurückzieht und sein Selbstbewusstsein

darunter leidet, dann sprich bitte mit einer Logopädin oder einem Logopäden.

Nur Fachpersonen können beurteilen, ob Logopädie notwendig ist oder nicht. Je früher logopädische Therapie stattfindet, desto leichter können wir deinem Kind helfen, seine sprachlichen Fähigkeiten zu verbessern und Selbstvertrauen aufzubauen.

Wenn keine Therapie stattfindet, kann dies dein Kind vor große Herausforderungen stellen. Wenn die Kommunikation mit anderen erschwert ist, weil dein Kind nicht gut verständlich ist, kann dies zu Frustration führen und den Kontakt mit anderen erschweren. Dadurch wird es für dein Kind schwieriger, Kontakte zu knüpfen. Das kann wiederum negative Auswirkungen auf die soziale Entwicklung deines Kindes haben. Möglicherweise leidet sein Selbstbewusstsein. Es fühlt sich unsicher, gerade wenn es aufgrund seiner Ausspracheschwierigkeiten von anderen gehänselt wird. Hat dein Kind Unsicherheiten mit bestimmten Lauten, kann es außerdem Probleme haben, lesen und schreiben zu lernen.

Es gibt mehrere alternative Diagnosen, die ähnliche Symptome aufweisen. Alternative Diagnosen erfordern unterschiedliche Herangehensweisen, Diagnostiken und Therapien. Wenn du also Bedenken bezüglich der Sprachentwicklung deines Kindes hast, sprich bitte mit deinem Kinderarzt, deiner Kinderärztin, einer Logopädin oder einem Logopäden.

11

Diagnosen

Hast du Sätze wie »Mein Kind hat auch erst mit drei Jahren gesprochen« auch schon einmal gehört? Solche und ähnliche Aussagen finde ich aus therapeutischer Sicht sehr gefährlich. Diese Art der Aussage hat sogar einen Namen: anekdotische Evidenz. Eine anekdotische Evidenz bezieht sich auf Einzelbeispiele oder persönliche Erfahrungen, die nicht wissenschaftlich nachgewiesen werden können. Solche Sätze können interessant sein und beruhigen manche Eltern vielleicht. Sie sind allein jedoch nicht ausreichend, um eine verlässliche Schlussfolgerung zu ziehen oder eine allgemeingültige Aussage über die Entwicklung von Kindern zu machen. Es ist wichtig, sich auf wissenschaftliche Untersuchungen und Forschungen zu stützen, um fundierte Aussagen über solche Themen zu treffen.

Die Verbreitung solcher Aussagen, auch von Familienmitgliedern und Bekannten, kann dazu führen, dass Eltern es für nicht notwendig halten, nach frühzeitigen Therapien nachzufragen, wenn ein Kind verzögert oder auffällig zu sprechen beginnt. Tatsächlich ist es wichtig, so bald wie möglich mit Fachpersonen zu sprechen, wenn Eltern Bedenken hinsichtlich der Sprachentwicklung ihres Kindes haben.

Mir persönlich ist es wichtig, Eltern bei Fragen oder Bedenken zur Entwicklung ihres Kindes immer ernst zu nehmen. Keiner kennt dein Kind so gut wie du. Nimm dein Bauchgefühl ernst und lasse dich von Kinderärzten, Kinderärztinnen, Logopäden, Logopädinnen oder anderen Fachleuten beraten.

Stottern

Haben wir nicht alle Phasen, in denen es uns schwerfällt, einen geraden Satz herauszubringen? Wir füllen Lücken mit »ähm« oder »mh« oder langen Pausen. Keiner spricht wie gedruckt. Menschen, die stottern, erleben diese Phasen allerdings als schwerer und häufiger.

»Wa-Wa-Wa-Wann kommst du wieder?« Von einer Sekunde auf die andere stottert dein Kind. Stottern kommt häufig ganz plötzlich und verunsichert viele Eltern. Leider ist Stottern noch immer sehr negativ besetzt.

Es gibt drei Möglichkeiten, wie dein Kind stottert:

1. Es wiederholt Laute oder Silben: Ka-Ka-Katze,
2. es dehnt Laute und zieht diese in die Länge: WWWWWasser und/oder
3. es blockiert auf einzelnen Lauten: K—atze.

Zeigt dein Kind eines dieser Symptome, spricht man von Stottern. Die meisten Kinder beginnen zwischen 24 und 36 Monaten zu stottern, wenn die Sprech- und Sprachfähigkeiten sehr rasch ansteigen. Sei erstmal ganz beruhigt, bei 80 Prozent der Kinder verschwindet das Stottern einfach wieder. Eine genaue Ursache von Stottern ist noch nicht bekannt. Fachleute gehen derzeit davon aus, dass die Ursache ein Zusammenspiel aus genetischen Faktoren, der Sprachentwicklung, der Umwelt, aber auch der Gehirnstruktur und -funktionen ist. Stottern ist genetisch vererbbar und tritt in allen Sprachen und Kulturen auf. Stottert dein Kind, sind die Chancen sehr hoch, dass auch jemand in deiner Familie stottert oder einmal gestottert hat. Bei Kindern mit Sprach-, Sprechschwierigkeiten oder Entwicklungsverzögerungen tritt das Stottern häufiger auf. Sprache wird bei Menschen, die stottern, anders verarbeitet als bei jenen, die nicht stottern. Besondere Ereignisse wie die Geburt eines Geschwisterkindes, ein Unfall oder ein traumatisches Erlebnis können lediglich der Auslöser für das Stottern sein, sind jedoch nicht die Ursache.

Man spricht beim kindlichen Stottern nicht von Entwicklungsstottern. Der Begriff »Entwicklungsstottern« kann für Eltern verwirrend sein, da nur 5 Prozent aller Kinder stottern. Das ist zu wenig, um von einer entwicklungsbedingten Erscheinung zu sprechen. 95 Prozent der Kinder stottern NICHT. Würde man von »Entwicklungsstottern« sprechen, würde man die Ursache des Stotterns auf die kindliche Entwicklung schieben und das wäre einfach falsch. Meine Erfahrung zeigt allerdings, dass Kinder vermehrt stottern, wenn sie einen Entwicklungssprung machen und gerade neue Fähigkeiten, nicht nur in sprachlichen Bereichen, erlernen. Viele Eltern berichten mir zum Beispiel, dass das Kind gerade gewachsen ist oder seit Neuestem sehr viele neue Wörter spricht. Das sind allerdings nur meine persönlichen Erfahrungswerte.

Die drei Kernsymptome von Stottern habe ich dir bereits vorgestellt: Wiederholungen, Dehnungen und Blockaden. Folgende Redeunflüssigkeiten haben wir alle und sie sind daher KEINE Anzeichen von Stottern:

- Wiederholungen von ganzen Satzteilen: Ich will, ich will, ich will, ich will auch mal schaukeln.
- Das Verwenden von Füllwörtern: Ich hab ähm noch keine Idee, äh, wo wir hingehen.
- Gedankliche Pausen: Ich nehmeeee ________ das Schnitzel bitte.

Bei vielen Kindern verschwindet das Stottern innerhalb der ersten sechs Monate wieder. Hält das Stottern deines Kindes länger an, sprich bitte mit deinem Kinderarzt oder deiner Kinderärztin. Besonders dann, wenn dein Kind Begleitsymptome wie Anspannungen, vermehrtes Augenblinzeln, Grimassieren oder Kopfnicken zeigt.

Vermeidet dein Kind Wörter, weil es weiß, dass es stottern wird, oder vermeidet sogar das Sprechen, weil es ihm unangenehm ist, lass dich bitte sofort beraten.

Wir können nicht vorhersagen, welches Kind weiterhin stottert und welches nicht. Folgende Faktoren sind für den weiteren Verlauf ausschlaggebend:

- Jungen stottern eher weiter als Mädchen (die Daten beziehen sich auf Personen, die sich eher als männlich oder weiblich identifizieren).
- Kinder, die nach dem dritten Geburtstag zu stottern beginnen, stottern eher weiter.
- Kinder, in deren Familie jemand nach wie vor stottert, werden auch eher weiter stottern.

Mythencheck

Ich bin schuld, dass mein Kind stottert.

Nein. Du bist nicht schuld, dass dein Kind stottert. Stottern ist kein psychologisches Problem, es kann nur Auswirkungen auf die Psyche deines Kindes haben. Stottern ist kein Zeichen von verminderter Intelligenz oder Hirnverletzungen. Mehrsprachigkeit verursacht kein Stottern. Stotternde Kinder unterscheiden sich von nicht stotternden Kindern nur darin, dass sie stottern.

Wie kannst du deinem Kind helfen?

Vermeide Sätze wie: »Atme erstmal durch!«, oder: »Sprich langsam.« Die falsche Atmung ist nicht schuld, dass dein Kind stottert, und langsames Sprechen ändert nichts daran. Vermeide auch die Aussage: »Verwende ein anderes Wort«, da dein Kind sonst lernt, Wörter, Sätze oder gar das Sprechen zu vermeiden.

Höre deinem Kind aufmerksam zu und lasse es auf alle Fälle aussprechen. Ich weiß, dass gerade diese Punkte große Herausforderungen darstellen können. Dem eigenen Kind in so einer Situation nicht helfen zu können ist für uns Eltern fast unerträglich. Und genau deshalb halten wir das Stottern für unser Kind aus und hören zu. So zeigst du deinem Kind: Ich bin für dich da. Du bist wichtig. Ich höre dir zu. Lass dein Kind bitte wirklich ausreden. Keiner wird gerne unterbrochen. Auch wenn du den Satz in deinem Kopf schon vervollständigt hast, lass dein Kind ausreden.

Vermeide es, so zu tun, als wäre nichts. Jeder Mensch, der stottert, weiß, dass er stottert. Wenn du so tust, als wäre nichts, kann diese Reaktion dein Kind verunsichern. Merkt Papa nicht, dass gerade etwas mit meinen Wörtern geschieht? Warum sagt er denn nichts? Mache ich etwas falsch? Hilf deinem Kind, indem du benennst, was gerade passiert.

Nutze Namen für das Stottern deines Kindes. Stottert dein Kind auf Wiederholungen, bezeichne ich diese Form des Stotterns gerne als »Froschwort«, da das Wort hüpft wie ein Frosch. Dein Kind hat so eine Vorstellung davon, was in seinem Mund passiert. Gleichzeitig machst du sein Stottern positiv. »Oh, das war ein langes Froschwort, das ist ja richtig lange in deinem Mund gehüpft.« Eine andere Möglichkeit wäre es, das Wiederholen von Lauten als »Ballwort« zu bezeichnen, da das Wort so springt wie ein Ball: »Das war das längste Ballwort, das ich je gehört habe. Wow, der Ball ist ja echt mega weit gesprungen.«

Dehnungen nenne ich gerne »Kaugummiwörter«, da sie sich wie Kaugummi ziehen. Und Blockaden bezeichne ich als »Pooh-Wörter« (in Anlehnung an Winnie Pooh, der mit seinem Po immer im Loch stecken bleibt) oder »Stopp-Wörter«. Deiner Kreativität sind keine Grenzen gesetzt. Frage dein Kind, ob es ein Wort für sein Stottern hat. Durch diese kindlichen Bezeichnungen gibst du deinem Kind Wörter für das, was gerade passiert, und es kann offener, leichter und selbstbewusster über sein Stottern sprechen.

Wenn dein Kind wegen seines Stotterns vermehrt auf negative Reaktionen stößt, kann es negative Gefühle gegenüber dem Sprechen entwickeln. Das und Versuche, das Stottern zu verstecken oder zu vermeiden, führen zu noch mehr Spannungen, was wiederum die Kommunikationsfähigkeit und Sprechfreude negativ beeinflussen kann. Entwickelt dein Kind Angst, Scham und wird nervös, wenn es wieder sprechen muss, kann dies eine weitere Belastung darstellen. Gerade deshalb ist es wichtig, die Gefühle deines Kindes von Anfang an zu benennen. »Boa, dieses Froschwort wollte nicht aus deinem Mund, das muss richtig ärgerlich sein. Ach, dieses blöde Pooh-Wort steckt immer fest, da wäre ich auch sauer.«

Sprich bitte auch mit anderen Bezugspersonen deines Kindes und kläre sie darüber auf, wie du in bestimmten Situationen mit dem Stottern umgehst. Stottern verunsichert und löst häufig unangenehme Gefühle aus. Du bist das Vorbild. Wenn dein Kind sieht, wie du mit bestimmten Situationen umgehst, wird es sich an dir orientieren.

Jemand sagt: »He, warum spricht der so komisch?«

Du antwortest: »Benno stottert. Seine Wörter können springen wie Frösche, mega cool, oder?«

Jemand sagt: »Du stotterst ja.«

Dein Kind antwortet: »Ja, manchmal habe ich mega lange Kaugummiwörter in meinem Mund. Ja, und manchmal wollen die Wörter gar nicht richtig aus meinem Mund raus. Voll ärgerlich.«

Bist du besorgt, weil dein Kind stottert oder gerade angefangen hat zu stottern, vereinbare am besten ein Beratungsgespräch bei einer Logopädin oder einem Logopäden. Dich gut anzuleiten ist so wichtig für den weiteren Stotterverlauf deines Kindes.

Selektiver Mutismus

Ein Kind, das sich die Finger in der Autotür einklemmt, nichts sagt und auch nicht weint. Ein Kind, das dich mit großen Augen ansieht, wenn du es fragst, wie es heißt. Ein Kind, das verstummt, sobald jemand anderes in der Nähe ist. Dieses Kind könnte möglicherweise die Diagnose »Selektiver Mutismus« bekommen.

Kinder mit Selektivem Mutismus fallen sehr häufig das erste Mal im Kindergarten auf. Schon früh merkst du, dass dein Kind sehr schüchtern ist und kaum mit anderen Menschen als mit dir interagiert. Du merkst es, weil dein Kind nicht nach einer Stunde bei Tante Gundula »auftaut« und dann mit ihr spricht. Ein Kind mit Selektivem Mutismus verstummt vor bestimmten Personen oder Personengruppen, obwohl es sprechen kann. Es erstarrt regelrecht, obwohl die Sprachkenntnisse da sind. Selektiver Mutismus ist eine Angststörung, die typischerweise in der Kindheit beginnt. Kinder mit Selektivem Mutismus sind in bestimmten Situationen, oft in sozialen Umgebungen wie Kindergarten, Schule oder anderen öffentlichen Orten, unfähig zu sprechen, obwohl sie in anderen Umgebungen durchaus in der Lage sind zu kommunizieren. Es ist die Unfähigkeit, aufgrund von Angst oder Stress in bestimmten Kontexten zu sprechen.

Mythencheck

Was Selektiver Mutismus nicht ist:

- Kinder mit Selektivem Mutismus müssen nicht schüchtern sein. Viele betroffene Kinder haben eher ein schüchternes Naturell, dies muss aber nicht sein.

- Selektiver Mutismus ist keine Folge eines Traumas, wie viele Eltern es vermuten.
- Kinder mit Selektivem Mutismus können nicht freiwillig wählen, mit wem und wo sie sprechen und wo nicht. Je mehr ein Kind es möchte und es versucht, desto schwieriger wird es.
- Kinder mit Selektivem Mutismus müssen keine Sprachschwierigkeiten haben. Natürlich gibt es Kombinationen, allerdings ist ein Sprachproblem nicht die Ursache für Selektiven Mutismus, es kann die Situation allerdings erschweren und das Störungsbild verschlimmern.
- Selektiver Mutismus und Autismus sind zwei unterschiedliche Diagnosen.
- Kinder mit Selektivem Mutismus sind nicht kognitiv eingeschränkt.
- Selektiver Mutismus verwächst sich nicht (immer). Es gibt auch schweigende Erwachsene.
- Das Schweigen wird nicht vorgetäuscht. Selektiver Mutismus ist eine ernsthafte Angststörung, die professionelle Unterstützung benötigt.

Die Ursache für Selektiven Mutismus ist nicht vollständig geklärt, es wird aber angenommen, dass eine Kombination aus biologischen, genetischen, psychologischen und Umweltfaktoren eine Rolle spielt. Kinder mit selektivem Mutismus fühlen sich oft unwohl oder ängstlich in sozialen Situationen und können Schwierigkeiten haben, mit anderen zu interagieren.

Was kannst du tun?

- Vermeide es, Druck auf dein Kind auszuüben, zu sprechen. Dies kann die Angst deines Kindes verstärken und die Situation verschlimmern.
- Hab stattdessen Geduld und unterstütze dein Kind, ohne es zu überfordern.
- Vermeide es, dein Kind zu isolieren oder es aus sozialen Situationen herauszunehmen, in der Hoffnung, dass es sich von allein verbessert.
- Auf die innere Haltung kommt es an. Erkenne die Angst deines Kindes an und halte sie aus. Lass dein Kind sich seiner Angst stellen und hilf ihm, trotz seiner Angst zu sprechen.
- Vermeide es, dein Kind zu beschämen oder zu kritisieren, weil es nicht spricht. Negative Reaktionen können das Selbstwertgefühl deines Kindes beeinträchtigen und seine Angst verstärken.
- Nutze nonverbale Reaktionen deines Kindes, um es ins Handeln zu bringen. Hilf ihm, aus seiner Komfortzone zu kommen.
- Vermeide es, als Sprachrohr für dein Kind zu dienen. Wenn dir dein Kind zeigt, was es möchte, sage doch lieber: »Ich sehe, dass du es mir zeigst. Sage es mir bitte in deinen Worten.« Wenn dein Kind dir etwas zuflüstert, kannst du es bitten: »Ich sehe, dass sich dein Mund bewegt, aber ich kann dich leider nicht hören. Bitte sag es mir mit lauter Stimme.«
- Gib deinem Kind fünf Sekunden zum Antworten und wiederhole Fragen bis zu dreimal.
- Nutze lieber Auswahlfragen und offene Fragen und vermeide Fragen, auf die dein Kind mit »ja« oder »nein« antworten kann.

Ihr seid nicht allein. Scheue dich nicht, professionelle Hilfe von Psychologen und Therapeutinnen oder anderen Fachleuten in

Anspruch zu nehmen, die Erfahrung mit Selektivem Mutismus haben. Dein Kind kann Strategien lernen, um mit seiner Angst umzugehen und seine kommunikativen Fähigkeiten zu verbessern.

Verbale Entwicklungsdyspraxie

Diese Diagnose habe ich immer im Hinterkopf, wenn Eltern zu mir kommen und mir sagen, dass ihr Kind sehr undeutlich spricht und für andere schwer verständlich ist. Einem Kind mit einer Verbalen Entwicklungsdyspraxie ist nicht geholfen, wenn man abwartet, bis es deutlicher spricht. Je früher ich ein Kind mit dieser Diagnose (und auch bei allen anderen Diagnosen) unterstütze, desto schneller kann ich diesem Kind helfen. Bei einer Verbalen Entwicklungsdyspraxie ist die Fähigkeit beeinträchtigt, Wörter zu planen und auszuführen. Kinder mit dieser Diagnose haben Schwierigkeiten, Laute korrekt zu bilden und aneinanderzuhängen. Sie müssen sich immer wieder ins Gedächtnis rufen, wie ein Laut gebildet wird. Sie haben keine Schwierigkeiten, Sprache zu verstehen, und wissen auch selbst, dass das, was sie sagen, nicht korrekt ist. Um eine Verbale Entwicklungsdyspraxie zu erkennen, braucht es eine umfassende Beurteilung einer Fachperson.

Die genauen Ursachen einer Verbalen Entwicklungsdyspraxie sind nicht vollständig verstanden, vermutlich ist es eine Kombination aus mehreren Faktoren: Ein Kind hat ein höheres Risiko für eine Verbale Entwicklungsdyspraxie, wenn bereits andere Familienmitglieder von einer Sprachstörung oder anderen Entwicklungsstörung betroffen sind. Es zeigen sich auch neurologische Faktoren, wie Veränderungen oder Störungen jener Hirnareale, die für die Planung und Koordination der Sprechbewegungen verantwortlich sind. Ursachen für eine Verbale Entwicklungsdyspraxie sind oft sehr komplex und vielschichtig. Nicht jedes Kind mit einer Verbalen Entwicklungsdyspraxie hat die gleichen Ursachen. In den meisten Fällen können die genauen Ursachen auch nicht eindeutig identifiziert werden.

Diese Punkte können Anzeichen für eine Verbale Entwicklungsdyspraxie sein:

- Kinder mit einer Verbalen Entwicklungsdyspraxie zeigen häufig schon Schwierigkeiten bei der Nahrungsaufnahme als Säuglinge. Sie verschlucken sich häufig, da der Ablauf von Saugen, Schlucken und Atmen beeinträchtigt ist.
- Kinder mit einer Verbalen Entwicklungsdyspraxie produzieren in der Brabbel-Phase nur wenige Laute und Lautkombinationen.
- Es kann sein, dass die Kinder später zu sprechen beginnen und Meilensteine verspätet erreichen.
- Kinder wissen, dass sie Laute nicht korrekt kombinieren können, sind allerdings trotzdem sehr kontaktfreudig und versuchen, sich meist mit Händen und Füßen mitzuteilen.
- Eltern bemerken recht früh, dass Kinder Schwierigkeiten haben, Laute korrekt auszusprechen. Die Aussprache ist häufig sehr undeutlich, auch wenn das Kind es versucht und sich sehr bemüht.
- Häufig lässt das Kind Konsonanten weg und spricht eine »Vokalsprache« (a, e, i, o und u).
- Die betroffenen Kinder können motorische Muster nicht automatisch abrufen. Sie müssen daher die Position von Lippen, Zunge und Zähnen immer wieder bewusst neu suchen.

Es kommt daher häufig zu Suchbewegungen, um einen Laut korrekt zu sprechen.

- Die Aussprachefehler, die Kinder mit einer Verbalen Entwicklungsdyspraxie machen, sind inkonstant. Das heißt, ein Wort wird immer wieder anders ausgesprochen, was es auch Zuhörern erschwert, bestimmte Muster zu erkennen und Wörter zu verstehen. Zum Beispiel sagt ein Kind zu Fisch einmal Hip, einmal Sil, einmal Fit. Man kann kein Muster erkennen, daher können wir oft nur raten, was gemeint ist.
- Je länger das Wort oder der Satz, desto undeutlicher wird die Aussprache.
- Dadurch, dass Kinder oft wissen, dass sie es nicht schaffen, Laute korrekt aneinanderzuhängen, versuchen sie, ihre Sätze so einfach wie möglich zu halten. Es entsteht dadurch eine Art Telegrammstil. Durch die verkürzte Satzlänge fällt es schwer, korrekte Grammatik zu üben.
- Es kann sein, dass Kinder mit einer Verbalen Entwicklungsdyspraxie ebenfalls motorische Probleme in anderen Entwicklungsbereichen zeigen, zum Beispiel in der Feinmotorik, beim Essen mit dem Löffel. Oder sie sind sehr ungeschickt und stolpern häufig, da die Grobmotorik ebenfalls beeinträchtigt sein kann.

Mir ist wichtig zu betonen, dass ein Vorhandensein einzelner Anzeichen nicht unbedingt bedeutet, dass dein Kind eine Verbale Entwicklungsdyspraxie hat. Eine umfassende Beurteilung durch eine Fachperson ist notwendig, um eine genaue Diagnose zu stellen und ein Kind angemessen zu unterstützen.

Je früher eine Verbale Entwicklungsdyspraxie erkannt wird, desto früher können Maßnahmen ergriffen werden, um das Kind zu unterstützen. Sprich daher so früh wie möglich mit deinem Kinderarzt oder deiner Kinderärztin über deine Beobachtungen und Sorgen. Arbeitet so früh wie möglich mit einer Logopädin oder einem Logopäden zusammen, um eine umfassende Beurteilung zu erhalten und einen geeigneten Behandlungsplan zu erstellen. Stelle sicher, dass dein Kind regelmäßige logopädische Einheiten erhält und auch die empfohlenen Übungen so oft wie möglich zu Hause macht.

Falls du gerade auf einen Therapieplatz wartest, kannst du diese Dinge als Unterstützung mit deinem Kind bereits jetzt tun. Diese Übungen ersetzen aber auf keinen Fall eine logopädische Therapie.

- Lasse dein Kind durch mundmotorische Übungen seinen Mundraum erkunden und besser kennenlernen. Macht verschiedene Grimassen: Wangen aufblasen, Küsschenmund, Zunge in verschiedene Richtungen strecken, Zunge in die Wangen stecken, mit der Zunge die Zähne zählen oder Watte wegpusten. Achte darauf, dass die Übungen so korrekt wie möglich ausgeführt werden.
- Wähle einen Laut, den dein Kind bereits sicher sprechen kann. Versucht, diesen Laut immer wieder zu produzieren. Durch die Wiederholung gelingt es deinem Kind leichter, die korrekte Mundposition wiederzufinden.
- Nutze Buchstaben, auch schon für kleinere Kinder. Schreibe den passenden Buchstaben auf einen Zettel, lasse dein Kind diesen Buchstaben verzieren oder in Sand oder Schaum schreiben. Immer wenn der Buchstabe geschrieben wird, sollte dein Kind diesen Laut auch sprechen. Fühlt sich dein Kind mit einem Laut sicher, könnt ihr den nächsten wählen.

- Nun könnt ihr diese zwei Laute immer abwechselnd üben. Habt ihr zum Beispiel G und F gewählt, könnt ihr nun »lesen« spielen. Du wirst staunen, wie auch schon kleinere Kinder sich die Buchstaben merken können. Schreibe auf ein Blatt die verschiedenen Buchstaben K – F – K – F – F – K – K – F. Ihr übt somit Bewegungswechsel, die deinem Kind wahrscheinlich schwerfallen werden.
- Kinder mit einer Verbalen Entwicklungsdyspraxie merken ihre Fortschritte sehr schnell und sind beim Üben oft sehr motiviert.
- Mit der Zeit kannst du auch Laute wählen, die dein Kind noch nicht sprechen kann. Überlege dazu zuerst, wie du diesen Laut bildest und wie du deinem Kind diese Position beschreiben kannst. Achte dabei auf Zunge, Zähne und Lippen.
- Motiviere dein Kind, es immer wieder zu versuchen, vermeide aber bitte Frust. Spaß steht immer noch an erster Stelle.
- Sei geduldig. Für ein Kind mit Verbaler Entwicklungsdyspraxie ist es sehr anstrengend, korrekte Bewegungsmuster zu bilden und abzuspeichern.
- Versucht, die Übungen idealerweise täglich, mehrmals die Woche durchzuführen.
- Gestalte die Übungssituation interaktiv und verpacke sie in Spiele, um das Interesse deines Kindes aufrechtzuerhalten und die Motivation zu fördern.

Schluss

Liebe Mama, lieber Papa,

wir haben gemeinsam diese Reise in die faszinierende Welt der Sprachentwicklung deines Kindes unternommen, eine Reise, die zwar jetzt mit diesem Buch vorbei ist, aber in Wahrheit nie wirklich endet.

Es war mir eine Freude, dich auf diesem Weg zu begleiten und dich mit hilfreichen Informationen, praxisnahen Tipps und Einblicken in die vielfältigen Facetten der Sprachentwicklung zu unterstützen.

Die ersten Jahre im Leben deines Kindes sind von enormer Bedeutung für seine sprachliche Entwicklung. Von den ersten Schreien und Lautäußerungen bis hin zu den ersten Wörtern und Sätzen – jeder noch so kleine Schritt ist ein Meilenstein auf dem Weg zur Sprache.

Du hast die einzigartige Möglichkeit, diese Entwicklung zu begleiten, zu fördern und zu unterstützen. Durch deine Liebe, Aufmerksamkeit und aktive Teilnahme kannst du eine starke Bindung zu deinem Kind aufbauen und ihm dabei helfen, seine sprachlichen Fähigkeiten zu entdecken. Sei geduldig und einfühlsam, wenn dein Kind seine ersten Laute und Wörter ausprobiert. Ermutige es, sich auszudrücken, und beobachte seine Fortschritte.

Eine wesentliche Erkenntnis, die wir gemeinsam gewonnen haben, ist, wie wichtig es ist, Sprache im Alltag anzuregen. Egal ob beim Wickeln, beim Spazierengehen oder beim gemeinsamen Spiel – jeder Moment bietet eine Gelegenheit, die Sprachentwicklung deines Kindes zu unterstützen. Durch einfache Dinge, wie das Erzählen von Geschichten, Singen von Liedern oder Benennen von Gegenständen, kannst du die sprachlichen Fähigkeiten deines Kindes spielerisch fördern.

Natürlich sind uns auch die Herausforderungen nicht entgangen, denen du im Zusammenhang mit der Sprachentwicklung deines Kindes begegnen könntest. Von Verzögerungen und spätem Sprechbeginn bis hin zu spezifischen Diagnosen wie Stottern oder Verbaler Entwicklungsdyspraxie – jede Schwierigkeit erfordert individuelle Unterstützung und ein einfühlsames, respektvolles Vorgehen.

Mit der Zeit wirst du feststellen, wie dein Kind seine sprachlichen Fähigkeiten weiterentwickelt. Es wird seine eigenen Gedanken und Ideen äußern. Die Fähigkeit, sich verbal auszudrücken, ermöglicht es deinem Kind, sich in seiner Umwelt zurechtzufinden, Bedürfnisse zu kommunizieren und Beziehungen aufzubauen. Du wirst beobachten, wie es anfängt, seine Sprache für Diskussionen, Argumentationen und das Lösen von Problemen einzusetzen – ein weiterer wichtiger Schritt auf dem Weg zur sprachlichen Kompetenz.

Ich möchte dich ermutigen, deine Reise in die Welt der Sprache mit deinem Kindes mit Freude und Zuversicht fortzusetzen. Jeder Fortschritt, jeder noch so kleine Schritt, den dein Kind macht, ist ein Grund zum Feiern und eine Bestätigung deiner liebevollen Begleitung. Dein Einsatz als Elternteil ist von unschätzbarem Wert und legt den Grundstein für eine lebenslange Liebe zur Sprache.

In diesem Sinne wünsche ich dir und deinem Kind alles Gute für die Zukunft. Möge eure gemeinsame Reise voller Freude, Entdeckungen und vor allem vieler Gespräche sein.

Deine Carina

Anhang

Die häufigsten ersten Wörter

Mama
Papa
Hund/wauwau
Ball
Katze/miau
Bagger
nein
ja
Auto/brm
Essen/mjam
Traktor
Licht
Oma
Opa
heiß
Hallo
Tschüss/baba
Vogel/piep
Elefant/törö
Löwe/roar
oh
Milch
an
aus
Baby
hoch
Buch
Wasser
Schnuller
mehr
noch
Musik
auf
kaputt
weg
Laster
Schwein/oink

Die ersten Wörter verstehen und sprechen

In der ersten Spalte findest du das Alter des Kindes, in der zweiten Spalte die Wörter, die die meisten Kinder in diesem Alter verstehen, und in der dritten Spalte die Anzahl der Wörter, die die meisten Kinder in einem bestimmten Alter sprechen können.

Alter	Wörter, die dein Kind versteht	Wörter, die dein Kind spricht
12 Monate	50 Wörter	1–2 Wörter
15 Monate	100 Wörter	10 Wörter
18 Monate	200 Wörter	50 Wörter
24 Monate	600 Wörter	100–200 Wörter

Meilensteine im Sprachverständnis

Ich gebe dir hier eine kleine Übersicht über die Meilensteine des Sprachverständnisses an die Hand. Ein Meilenstein ist der Zeitpunkt, an dem ein Entwicklungsschritt bei 50 Prozent der Kinder zum ersten Mal auftritt.

3–6 Monate:

- Beobachtet das Gesicht einer Person, wenn diese spricht.
- Dreht den Kopf in die Richtung von Geräuschen.
- Zeigt mehr Interesse an Personen als an Objekten.
- Hält den Blickkontakt.

6–9 Monate:

- Versteht einfache Gesten (beugt sich zu dir, wenn du die Arme ausstreckst).
- Schaut nach bekannten Gegenständen oder Personen, wenn diese genannt werden.
- Hält inne, wenn sein Name gerufen wird.
- Reagiert meistens auf »Nein«.
- Sucht nach versteckten Objekten.
- Experimentiert mit Objekten, ohne diese in den Mund zu stecken oder damit zu klopfen.

9–12 Monate:

- Versteht einfache Aufforderungen mit Gesten (z. B. komm her, klatschen, winken, Küsschen/Bussi schicken).
- Versteht mindestens 25 Wörter.
- Reicht Objekte bei ausgestrecktem Arm.
- Führt alltägliche Handlungen als Reaktion auf eine mündliche Aufforderung aus (z. B. »Arm hier rein« beim T-Shirt anziehen).
- Sucht auf die Frage »Wo ist ...« nach bestimmten Objekten oder Personen (Wo ist Papa?).
- Spielt Kuckuck-Spiele.

12–18 Monate:

- Versteht mehr als fünfzig Wörter.
- Folgt einfachen Aufforderungen ohne Gesten (»Gib mir ...« oder »Hole ...«).
- Zeigt auf bekannte Personen oder Objekte.
- Folgt einfachen Aufforderungen mit einer Geste (klatschen, winken, Bussi schicken).

- Beginnt einfaches »So-tun-als-ob-Spiel«, z. B. die Puppe füttern.
- Lässt ein Auto fahren, malt mit dem Stift auf Papier, blättert durch ein Buch.
- Erkennt etwa sechs Körperteile oder Kleidungsstücke.
- Reicht einem Erwachsenen einen Gegenstand, um ihn um Hilfe zu bitten.

24–30 Monate:

- Führt mehrere Spielhandlungen hintereinander aus, z. B. Puppe füttern und dann zu Bett bringen oder baden.
- Kann »ich« und »du« unterscheiden.
- Versteht Mengenangaben wie »eines« und »viele«.
- Versteht Gegenteile wie »groß« und »klein«.
- Versteht Ortsangaben (Präpositionen) wie auf, in, unter, über.
- Kann z. B. in einem Bilderbuch mindestens vier Handlungen erkennen, wie: Wer läuft?, oder: Wer schläft?

30–36 Monate:

- Kann kurzen Geschichten zuhören.
- Erkennt Teile von Objekten, z. B.: Zeige mir die Räder an dem Auto.
- Versteht Wer-, Wo- und Was-Fragen.
- Erkennt Objekte anhand deren Funktion, z. B.: Zeige mir, womit man essen kann.
- Versteht die Mengenangabe »alle«.
- Kann auf Ja-/Nein-Fragen adäquat antworten.

Meilensteine der Sprachproduktion

3–6 Monate:

- Verstummt oder lächelt als Antwort auf ein Lächeln oder eine Stimme.
- Versucht, Geräusche und Gesichtsausdrücke zu imitieren.
- Reagiert auf Ansprache mit Geräuschen.
- Weint bewusst.

6–9 Monate:

- Macht Geräusche und quietscht, um auf sich aufmerksam zu machen.
- Versucht, Gesten nachzumachen.
- Imitiert das Brabbeln eines Erwachsenen (ma-ma-ma, ba-ba-ba).
- Verwendet beim Brabbeln Laute wie T, D, B, P, M, N.
- Verändert die Lautstärke und Tonhöhe seiner Stimme.
- Verwendet Gesten und Laute, um etwas abzulehnen (dreht z. B. den Kopf weg).

9–12 Monate:

- Versucht die ersten Geräusche und Worte zu imitieren.
- Verwendet bewusst Gesten, um zu zeigen, was es möchte, z. B. schüttelt den Kopf, hebt die Arme, um hochgehoben zu werden.
- Winkt zum Abschied.
- Fordert Erwachsene auf Kuckuck-Spiele zu spielen oder Lieder zu singen.
- Sagt »Mama« oder »Papa« und meint damit auch Mama oder Papa.
- Sagt spontan ein bis zwei Wörter.

12–18 Monate:

- Spricht zwischen zehn bis fünfzig Wörtern.
- Spricht Wörter nach.
- Benennt fünf bis sieben bekannte Objekte, auf Nachfrage.
- Nickt mit dem Kopf »ja«.
- Spricht wie ein Erwachsener, ohne reale Worte.
- Verwendet bewusst noch mehr Gesten mit Geräuschen oder Wörtern (zeigen, klatschen, Küsschen schicken, sSSch, High five).

18–24 Monate:

- Spricht zwischen zehn und mehr als 300 Wörtern (zehn Wörter mit achtzehn Monaten, mindestens fünfzig mit 24 Monaten).
- Nennt sich selbst beim Namen.
- Beginnt, zwei Wörter miteinander zu kombinieren: »Papas Schuh«, »mehr Wasser«, »Tschüss Mama«.
- Benennt ihm bekannte Objekte.
- Fragt: »Was ist das?«
- Wird zu 50 Prozent von Außenstehenden verstanden.
- Verwendet viele Laute korrekt.
- Beginnt, auf einfache Fragen zu antworten.

24–30 Monate:

- Verwendet mindestens fünfzig Wörter.
- Spricht in Dreiwortsätzen.
- Verwendet »ich« und »mein«.
- Kann Farben benennen.
- Verwendet die Mehrzahl.

- Fragt und antwortet auf: »Wo ist …?«
- Verwendet Verben (Aktionswörter/Tunwörter).

30–36 Monate:

- Spricht zwischen 250 und mehr als tausend Wörter.
- Verwendet die Vergangenheitsform (muss noch nicht korrekt sein)
- Kann Gefühle benennen.
- Kann fast alle bekannten Personen und Objekte benennen.
- Kann mit 36 Monaten einfache Gespräche führen (Fragen und Antworten).
- Wird zu 75 Prozent von Außenstehenden verstanden.
- Kann über Ereignisse sprechen, die schon geschehen sind oder erst stattfinden werden.
- Verwendet Vier- bis Fünfwortsätze mit meistens korrekter Satzstellung.

Wortarten

Diese Wortarten kannst du deinem Kind anbieten.

Aktionswörter

baden, bauen, beeilen, beenden, beißen, berühren, blasen, brechen, bringen

drücken

essen

fahren, fallen, fangen, finden, fliegen, füttern

geben, gehen, gießen, graben

halten, helfen, holen, hören

kehren, kitzeln, klatschen, klettern, klopfen, küssen
lachen, laufen, lesen
malen
nehmen
öffnen
putzen
reden, reiten, rutschen,
schauen, schaukeln, schießen, schlafen, schließen, schneiden, schütteln, schwimmen, sehen, singen, sitzen, spazieren, spielen, sprechen, springen, spritzen, stehen, stoppen, stoßen
tanzen, teilen, trinken, turnen
umarmen
verstecken
warten, waschen, weinen, werfen, wiegen, wischen, wollen
zeigen, ziehen

Beschreibende Wörter (Adjektive)

nass
trocken
groß
klein
heiß
kalt
sauber
schmutzig
laut
leise
schnell
langsam
hungrig
durstig

müde
wach
erschrocken
verletzt
krank
traurig
aufgeregt
lustig
glücklich
weich
fest
sanft
heil
zerbrochen
dunkel
hell

Familie und Freunde (und andere Namen)

Mama
Papa
Eigener Name
Oma
Opa
Geschwister
Pädagogin oder Pädagoge
Haustier
Onkel/Tante
Freunde

Ortsangaben

oben

unten
hinter

Präpositionen

neben
bei
hier
dort
davor
in
auf
zwischen
über

Anderes

Hallo
Tschüss
mehr
fertig
weg
was
wo
wer
nochmal
mehr
ja
nein
bitte
okay

Bücher und Websites

Buchempfehlungen für Eltern und Kinder

Bücher für Eltern

Fajemobola, Olaolu; Nimindé-Dundadengar, Tebogo: *Mit Kindern über Diskriminierung sprechen.* Weinheim, Basel: Beltz 2024.

Fajemobola, Olaolu; Nimindé-Dundadengar, Tebogo: *»Gib mir mal die Hautfarbe«. Mit Kindern über Rassismus sprechen.* Weinheim, Basel: Beltz 2021.

Gericke, Wiebke: *babySignal. Mit den Händen sprechen. Spielerisch kommunizieren mit den Kleinsten.* München: Kösel 2019.

Bilderbücher ohne Text

Hare, John: *Die Vulkaninsel.* Frankfurt: Moritz Verlag 2022.

Müller, Gerda: *Was war hier bloß los? Ein geheimnisvoller Spaziergang.* Weinheim, Basel: Beltz 2008.

Rathmann, Peggy: *Gute Nacht, Gorilla.* Frankfurt: Moritz Verlag 2006.

Tjong-Khing, Thé: *Die Torte ist weg! Eine spannende Verfolgungsjagd.* Frankfurt: Moritz Verlag 2006.

Bücher zum Anschauen und Vorlesen

Bright, Rachel; Field, Jim: *Trau dich, Koalabär.* Bamberg: Magellan 2017.

Cave, Kathryn; Riddell, Chris: *Irgendwie Anders. Liebevolle, brillant erzählte Geschichte über die Bedeutung von Toleranz.* Hamburg: Oetinger 2024.

Jeffers, Oliver: *Hier sind wir: Anleitung zum Leben auf der Erde.* Zürich: Nordsüd Verlag 2018.

Spengler, Constanze: *Zum Elefanten immer geradeaus.* Rostock: Hirnstorff 2014.

Christine Ordnung
mit Georg Cadeggianini
Familie
am Tisch
Für ein neues Miteinander –
beim Essen und darüber hinaus
KÖSEL